ज़िंदगी की फ़तेह

(काव्य संग्रह)

पल्लवी दीपक म्हात्रे

PRACHI
DIGITAL PUBLICATION

Title : Zindagi Ki Fateh
Author : Pallavi Deepak Mhatre
Edition : First (May, 2025)
ISBN : 9789348332882

Published by

PRACHI
DIGITAL PUBLICATION

Regd. Add.: 254, Khuriyakhatta No. 10, Bindukhatta,
Lalkuan, Nainital - 262402, Uttarakhand, India
Website : www.prachidigital.com
E-mail : info@prachidigital.in
Phone : +91 976041 7980, +91 976041 8103

Printed by :
Manipal Technologies Limited, Bengaluru - 560001, Karnataka

श्री गणेशाय नम:

मेरी यह पहली पुस्तक मेरे माता-पिता

आ. पद्माकर गणपत नाईक जी

आ. छाया पद्माकर नाईक जी

एवं मेरे सभी गुरू जन को समर्पित है।

हम सभी जानते है कि किसी भी कार्य को पूरा करने के लिए किसी खास व्यक्ति का हमारे जीवन में होना अत्यावश्यक होता है। जो हमारी भावनाओं को समझे, हमेशा हमारा हौसला बढ़ाए। इस पुस्तक की संपूर्ण यात्रा में मेरे पतिदेव "आदरणीय दीपक म्हात्रे जी" सदैव मेरा साया बन मेरे साथ रहें है। यह सपना जरूर मेरी आँखों ने देखा था, किंतु उनके निश्चल, गहरे प्रेम ने उसे पुन: जीवित किया है।

विशेष आभार

इस यात्रा में कुछ लोग शुरू से ही मेरे साथ रहें है-

प्रिया सुधीर माळी

वर्षा राज पाथरे

मेरा प्यारा "हिन्दी लेखक परिवार फेसबुक ग्रुप"

तेरणा विद्यालय नेरूळ, नवी मुंबई

श्री. गोविन्द सावंत
(श्रीयोग फोटो स्टुडिओ, कामार्ली, पेण-खोपोली रोड,
पेण, रायगड, महाराष्ट्र- 402107)

अनुक्रमणिका

लेखकीय

मेरे ख्याल से "सिद्धांत" व्यक्ति के चरित्र के वो पहलू है, जिसके साथ समयानुसार हम सभी चलते हैं। सोने के गहने तो हम किसी उत्सव या खास अवसर पर पहनते हैं। उनके होने से केवल हमारा बाह्य सौंदर्य ही निखरता है, किंतु "सिद्धांतों के साथ हम आत्म-खोज के मार्ग पर भ्रमण करते है। हमारे जो पुरानी पीढ़ियों के लोग हैं, उनके लिये "सिद्धांत" पत्थर की लकीर के समान होते थे, किंतु अब जमाना बदल रहा है।

आजकल लोग समय-समय पर परिस्थितियों के अनुसार बदलते हैं और मेरे ख्याल से इसमें कुछ गलत भी नहीं है, क्योंकि, अगर "हमारे सिद्धांतो से किसी का जीना दुश्वार हो जाए, तो उस व्यक्ति को तो वो सजा की तरह ही प्रतीत होगा ना?

हाँ! किंतु, हमारे सिद्धांत अगर समाज के हित में हो, आखिर तक सच का साथ निभाने वाले हो, हमारे साथ साथ औरों को भी उनसे प्रेरणा या जीवन के विविध पहलुओं से गुजरने की क्षमता प्रदान करते हों, तो ऐसे सिद्धांतो का त्याग कभी न करो, क्योंकि वही हमें कई बार जीवन के उत्सव में उस सोने के गहने समान निखारते हैं, जिसकी चमक सामने वाले के आँखों में नजर आती हैं।

यहीं मेरे विचार है।

पल्लवी दीपक म्हात्रे

(महाराष्ट्र)

कविताएँ

हमारा जीवनधन

जिंदगी की किताब का
सबसे खूबसूरत पन्ना है बचपन
शामिल होती हैं जिसमें अनगिनत
गलतियाँ और निर्मल, भावुक मन।।

लेकिन इसी खाली पन्ने पर जब
जिंदगी के अनेक रंग बिखरने लगते है तब
उन रंगों में कहीं न कहीं खोने लगता है
हमारा यहीं अल्लहड बचपन।।

फिर भी!...... फिर भी!.....
जब तक हम जिंदा रहते है तब तक
हमारे भीतर पनपता है वो मासूम
यादों से खिला हुआ खुशियों का नंदनवन।।

और!..... और!.....
गुजरती हुई इस जिंदगी में आखिर तक हमें
भीतर से संभालकर, संजोकर रखने वाला
यही नादान, प्यारा सा बचपन
बन जाता है हमारा जीवन धन।।

प्रीत की मोहक रीत...

हिन्द की धरती पर हुआ
विभिन्न भाषाओं का संगम,
किंतु संस्कृत की कोख से हुआ है
भारत की राष्ट्रभाषा हिन्दी का उगम ।।
शब्दों से अलंकृत होकर
हमारे कर्ण को सुख वो देवे,
हिन्दी भाषा के उच्चार है जैसे
मुक्त पंछियों के गीतों का मधुर आलाप।।
सुनाये जो मीरा की भक्ति की गाथा और
राधे-श्याम के प्रीत की मोहक कथा,
रस-छंद से सुशोभित होकर हिन्दी भाषा ने
दिल से किया है सबसे वार्तालाप।।
"मुलाकात" में सजी कहानी अमृता प्रीतम की
और दिया प्रेमचंद जी ने सबको अपनी लेखनी से
जीवन के अनुभवों का प्रसाद,
"मधुशाला" से लेकर "पल्लव" के माध्यम से
हिन्दी भाषा ने दिया हम पाठकों को ज्ञान अमाप ।।
जाति, धर्म और भेदभाव के पार
हिन्दी ने अंतरमन में जगाया "एकता का भाव",
भारत की शान हिन्दी ने संपूर्ण जगत में
लहराया विश्व-बंधुत्व का परचम।।

सुनहरी यादें

ये यादें बड़ी सुहानी होती हैं, जो
दिल में सदा के लिए बस जाती हैं।
वो "मालिक" तो हम "पहरेदार"
हमारे सुख-दुख की वो भी "हिस्सेदार"।।

कभी उनकी झलक हमें "दिवाना" बनाती हैं,
अजी ये सिलसिला तो फिर थमता ही नहीं हैं।
याद कर कुछ तरानों को हम फूले न समातें हैं,
कभी नैनों के पानी को रोक भी न पाते हैं।।

ये बावली यादें ख्वाबों को सजाती है,
हर जीवन की "हकीकत" को दर्शाती भी है,
यादों की इस दुनिया में
हम सब खोना चाहते हैं क्योंकि
जीवन के "हसीन पल" इनमें ही तो बसते हैं।।

ये लुभावने पल थके मन में
जीने की नयी उमंग जगाते हैं,
फिर इनके ही सहारे हमें
"जिंदगी के किनारे" मिल जाते हैं।

काव्य की अनुभूति

काव्य न चाहे कोई “विषय”,
काव्य न चाहे कोई “आशय”,
क्योंकि “कविताओं” से होता है
सुंदर शब्द और भावों का परिचय।।

वो कभी बयां करती “दर्दनाक सदमा”
तो कभी “प्यारा सा गुल-ए-नग्मा”,
कभी यही है भावों का आयाम तो
कभी सीखाती जीना “सविनय”।।

दिल मेरा चाहे होकर भाव-विभोर,
बढाऊँ मैं सभी रचनाओं का सौंदर्य,
उसी सौंदर्य को “छंदो” से निखार कर
बना दूँ कविता को “आनन्दमय”।।

मेरी तो है बस यहीं अभिलाषा
हर दिल के कोने में बिखरे मेरे
काव्य की “अलंकृत भाषा”,
जिसके अध्ययन से हो जाए
पूरी दुनिया का मन “तन्मय”।।

गुरु

दिशा दर्शक बाण गुरु,
संस्कारों की खान गुरु,
शिष्यों के प्रगति के पंख गुरु,
कर्तृत्व के रणांगन का शंखनाद गुरु।।

ज्ञान का अखंडित झरना गुरु,
उपदेशों के दीपक गुरु,
कीर्ति का ध्यास गुरु,
पूर्णता का श्वास गुरु।।

भयभीत मन के शत्रु गुरु,
जीवन का बहुमूल्य सार गुरु,
अधूरे जीवन का "पूर्णत्व" गुरु।।

निर्मल प्रेम

ये कोई जादू नहीं,
केवल सत्य है।
ईमानदारी से कहें
कुछ प्रेम भरे अर्थ पूर्ण शब्द है।
भावनाओं को सींचने वाले
दो नाजूक दिल हैं,
तभी तो
हम दोनों इक-दूजे की
आत्मा में शामिल है।
कोई परिभाषा नहीं,
कोई अभिलाषा नहीं
सिर्फ और सिर्फ समर्पण का भाव है।
धन-दौलत से भी परे "निर्मल प्रेम" है,
शायद इसलिए आज
इस प्रेम में हमें मिला मुकम्मल जहान है।

राज

पीकर सारे गम,
सदा मुस्कुराते रहे हम
दिल को चीरकर फिर
आँखें भी हुई नम।

जिस राज को हमने
हर वक्त दिल में छुपा लिया,
वही आज आंखों से
आँसू बनकर छलक गया।

चलो जनाब, अच्छा ही हुआ
जो आँसुओं को रास्ता मिल गया।
हमें भी नये से जिंदगी जीने का
फिर से हक मिल गया।

मुरलीधर

सवार है इस दिल पर
तुम्हारे मुरली की मधुर धुन कृष्णा!
देख मोहक छवि तुम्हारी
इन अखियन की हर बार बूझे तृष्णा!!
तुम ही हो मेरे मन के मीत,
तुम ही हो मेरे शब्दों से सजते गीत,
तुमसे ही जानू मैं प्रेम का अर्थ और
तुमसे ही जीवन के संघर्षों से लड़ूं समर्थ!!
कभी सखा तो कभी सारथी,
कभी राजा तो कभी महारथी,
जो जैसे सच्चे मन से आराधना करें
वो वैसे ही तुम्हारी करें प्राप्ति।।
सार जीवन का जो तुमसे सीखा है,
तभी तो जाना कि
निश्चल प्रेम बिन जीवन फिका है।
और जो प्रेम और माया संग
लोगों के दिलों में बसता है,
केवल वहीं आखिर तक
संसार में विजयी कहलाता है।।

तुम्हारी याद

मैं भी तुम्हें कहां भूल पाया हूँ?
देखो! तुम्हारी याद में
रोज पन्नों पर नज्मों को सजा रहा हूँ!!
कभी हमारी यादगार मुलाकातें
तो कभी चाहतें लिखता हूँ,
जानता हूँ!
तुम बहुत खुश हो अपनी जिंदगी में!!
तुम्हारी आंखों में उसके
इश्क की चाँदनी जो बिखरी देखता हूँ मैं!!
सच कहता हूँ, बुरा नहीं मानता!!
फिर भी, उम्र के इस पड़ाव पर
इक आखिरी बार जी भर के
तुमसे बातें करना चाहता हूँ!!
तुम्हारी नयी नज्मों को सुनना चाहता हूँ,
तुम्हारा जी भर के दीदार करना चाहता हूँ मैं,
जानती हो क्यों?
फिर कभी तुम्हारी जिंदगी में वापिस
न लौटने के लिए और
मेरे दिल के सुकून के लिए।।

शब्द - मेरा जीवन

शब्दों के लिए जी लूं या
शब्दों को मेरा जीवन समझ लूं???
दोनों ही मायनों में उन्हें पन्नों पर लिखकर
मैं बार-बार खुद को ही निखार लेती हूँ!!

कभी "गुलजार" जी के एहसासों को
समझकर मेरे गीतों को सजाती हूँ
तो कभी "लता" जी के आवाज में
शब्दों के अर्थ ढूंढती हूँ!!

अब कैसे कहूँ, दुनिया से कि
"मैं कोई उम्दा शायर नहीं,
फिर भी अल्फाजों में जिंदगी को ढूँढ़ती हूँ,
उन्हें लिखकर दिल के घाव भरती हूँ,
रोज जज्बातों को पन्नों पर बिखेरकर
मैं मेरी ही नयी खुशहाल
जिंदगी से दोबारा मिलती हूँ।।"

मैं

मैं रेत की तरह नहीं हूँ जो मुट्ठी से फिसलती जाए,
मैं तो उस कठिन पत्थर समान हौसलें रखती हूँ,
जिसकी नींव को हिला पाना लगभग नामुमकिन है!!!

मैं वो कागज भी नहीं हूँ जो जरा सी हवा से उड़ जाए,
मैं तो उस खूबसूरत पन्ने जैसी हूँ जो
भावनाओं के सैलाब से भीगा चला जाए।

मैं गुलाब के फूलों की तरह कोमल होकर भी
कांटों से भी दोस्ती कर लेती हूँ,
क्योंकि वो भी सही वक्त पर दोस्ती निभाते है।
मैं तो हूँ बारिश के उस "बूँद" समान
जो नदी में मिलते ही लोगों की प्यास बुझाती है।
जीवन से ना मेरी ज्यादा उम्मीदें रहीं
ना ही अनगिनत हसरतें रहीं,
केवल "निर्मल आनंद" को खोजती रहती हूँ।
"मैं सबकुछ पास होकर भी
सादे जीवन की ओर आकर्षित होती रहती हूँ।
ना कभी किसी से जीतने की होड़ रहीं,
ना ही कभी किसी से हारने का डर!!
हाँ! लेकिन मेरे कुछ उसूलों पर जरूर अडिग रहती हूँ।
इसलिए शायद,
जो चकाचौंध लोगों के नजरों को लुभाती है,
वही मुझे कभी रास न आती है।
पता नहीं क्यों लेकिन अपने इसी फितरत के कारण
शायद "मैं! आज तक केवल "मैं" बन कर रहीं हूँ"।।

चाय का तराना

लिखने जो बैठी हूँ आज
चाय पर नया तराना,
याद आ रहा है मुझे
हमारे इश्क का पुराना अफसाना।।

पहली मुलाकात की हमारे
वही थी प्रथम साक्षी,
लुफ्त उसका उठाते हुए तुम
ढूँढ लेते थे मिलने का नया बहाना।।

मैं, तुम, चाय और हमारा इश्क
बड़ा ही रंगीन माहौल जमाते थे,
रूबरू इक दूजे से होकर कई बार
छलकाते थे खुशियों का पैमाना।।

तुम्हारे इश्क की चाशनी जब
चाय के संग घुल जाती, सच कहती हूँ
बहक जाता है मन मेरा और
इन आंखों में तुम्हारी ही छवि
देख लेता है ये जमाना।।

मैं! बिटिया रानी

मैं घर के बगिया की चहकती तितली,
मैं बड़े पेड़ के छाया में रही चंचल गिलहरी,
कभी मैं नदिया की शांत लहरों सी तो
कभी समुंदर में उठते तूफान सी,
कभी में मेरे "बाबा की लाडली परी" तो
कभी मैं लगूं "माँ की ही परछाई न्यारी"।।

मैं हूँ हर घर की जान और शान,
मेरे चहकने से ही है सबके होठों पर मुस्कान,
इक दिन भी जो में न रहूं तो घर लगे जैसे बेजान।।

हाँ! मैं हूँ सबकी लाडली "बिटिया रानी"!!
सभी के आंखों की हूं मैं राजदुलारी,
इतनी प्यारी हूँ फिर भी
नजाने क्यों कुछ लोगों को नहीं मैं भाती?

हाँ! मैं बढ़ाने वाली हूँ किसी और के घर की रौनक!
लेकिन क्यों कुछ लोग
"दहेज" के नाम पर देते मुझे दुख बारी-बारी?
मैं बेटी भी अब बन चुकी हूँ
शिक्षित होकर "सक्षम",
फिर भी क्यों कुछ लोग नहीं देख सकते मुझे
मेरे पैरों पर खड़ा "हर दम"?

लगता मुझे कि अब सोच बदलनी जरूरी है,
बेटियों को भी अपने लिए जीने का संपूर्ण अधिकार है,
उन्हें भी सक्षम बनाना हर घर का पहला कर्तव्य है,
क्योंकि उनसे ही चलता जनजीवन और संसार है।

सच्चे दोस्त

जिंदगी में कुछ दोस्तों का होना
कितना जरूरी होता हैं?
हमारा हर इक गम हमसे पहले
उनकी आंखों से बरसता हैं,
हमारी हर जीत हमसे पहले
उनके लबों से बयां होती हैं।

वे सिर्फ हमारी हाँ में हाँ नहीं मिलाते,
वे जो हमारे लिए अच्छा है
उससे हमें हैं रू-ब-रू कराते।

वे दोस्त हर रोज हमारे साथ नहीं चल सकते
किंतु उनकी हौसला अफजाई हमें
कभी गैरों की नजरों मे गिरने नहीं देती।

उन दोस्तों की जान सदा
हमारे भीतर बसती हैं और
उनके बिन हमारे जीवन की कहानी
सदा अधूरी लगती है।।

किताबों का नशा

करना ही है अगर नशा यारों तो
"अच्छी किताबें" पढ़ने का करो,
झूम जाना है अगर कभी तो
विभिन्न "मैदानी खेलों" में खो जाओ।।

तुम सब ही हो आने वाला "उज्ज्वल कल",
देश के "स्वाभिमान" का जतन करो तुम हर पल
तुमसे ही है "रोशन" द्वार-द्वार का आँगन,
तुमसे ही होगा हमारे देश का भविष्य उज्ज्वल

ये जो जीवन मिला है तुम्हें,
समझो सब इसे ईश्वर की अमूल्य भेंट,
"शिक्षित" होकर बनाओ "भारत" को
दुनिया में सबसे "श्रेष्ठ"!!

इक कदम आज हम सभी को आगे बढाना है,
"नशा मुक्ति" का संदेश देकर स्वस्थ, सशक्त,
समृद्ध जीवन का निर्माण करना है।

शब्द

शब्द बोलते हैं, शब्द सुनते हैं
कभी ये शब्द वादों पर कायम रहते है
तो कभी हालात देखकर मुकर जाते हैं।

प्यार से कहें जाए तो हमारे
जीने की राह बन जाते हैं और
गुस्से में कहें जाए तो
जीते जी सामने वाले को
"मृत्यु" समान प्रतीत होते हैं।

किसी के द्वारा कहे गये शब्दों का कर्ज
हम चाहें तो भी नहीं उतार पातें क्योंकि
कभी वहीं हमारे "दिल का सुकून" तो
कभी "दिल का नासूर" बन जाते हैं।

खयालों का सैलाब

बेचैन सा होने लगा ये दिल
जब कई दिन उनसे बात न हुई,
लगा यूँ हमें जैसे ऐ! जिंदगी
तुझसे ही मुलाकात न हुई।।

ख्यालों का उमड़ता इक सैलाब
मुड़ मुड़कर बीती तकरारों में भी सुख खोजता
क्योंकि आज में मेरे
वो तुम्हें भी शामिल करना चाहता।।

लेकिन, जानते हैं हम कि
ये सारे अधूरे सपने पूरे न होंगे
क्योंकि जान-बूझकर दूर रहने वाले
चाहकर भी कभी हमारे
नजदीक न आना चाहेंगे।।

तुम मेरी चाहत

मैं देखना चाहता था कभी
तुम्हारी नजरों में मेरे प्रेम की चमक,
किंतु तुम कभी दोस्ती के आगे बढ़ी ही नहीं।।

मैं समझाना चाहता था कभी तुम्हें
कि हसरत थी तुम मेरे दिल की, लेकिन
सब समझकर भी तुम अंजान बनती रहीं,
ऐ बेदर्द! रोजाना अपनी प्यारी अदाओं से
मुझे तुम्हारे और करीब लाती गयी।।

ऐ मेरी प्यारी सखी!
क्या हुआ अगर तुम्हें मेरे घर की
मैं रोशनी न बना सका, लेकिन
तुम्हारे चेहरे की हँसी को आज देखकर
आज मेरे चेहरे पर भी
मुस्कान की कलियाँ खिल गयी।।

तुम जैसी "हमदर्द", दोस्त कोई और
मुझे आज तक मिली ही नहीं,
इसलिए शायद, तुम मेरे दिल से
इतने सालों बाद भी कभी जुदा न हो पायी।।

प्यार का दीपक

गुजरती जिंदगी में हमारे सामने
सिर्फ दो विकल्प होते है,
"इक पूरी दुनिया की सुनें और
दूजा अपने मन की करें!!!"
मैंने भी कई बरस दुनिया की सुनकर देखा
और कहीं न कहीं
स्वयं को धीमे-धीमे खो दिया!!

"फिर जिंदगी में इक सच्चा साथी मिला,
जिसने रिश्तों की भीड़ में मुझे
मुझसे बेहतर पहचान लिया।।"
देर उसे भी लगी, मुझसे रूबरू होने में
लेकिन आखिर वो भी मेरी धडकनों को
मुझसे पहले सुनने का हुनर सीख गया।

मेरी अनगिनत दबी तमन्नाओं का द्वार
अपने अंदाज़ ए इश्क़ में उसने खोल दिया!!
जितना मेरा मन उससे जुड़ता चला गया
उतना ही वो मुझे मेरे ही करीब लाता गया।

मैंने भी उसके इश्क़ की दास्ताँ को
कई बार बयां करना चाहा लेकिन
क्या बताऊँ अब सबको कि उसकी
निगाहों के चिलमन में ही मेरा हर लफ़्ज़
कैद होकर रह गया।।

वो अंधेरे में प्यार का दीपक बन
मेरी जिंदगी को रोशन करता चला गया
अपने बर्ताव से मुझे लिखने के लिए
खूबसूरत लफ्जों का तोहफा देता रहा।
वो मुझसे बेइंतहा प्यार करता रहा और
मैं उसे कागज पर उतारती रहीं,
उसे दिल के पन्नों पर सजाती रहीं।
उसके सरल व्यक्तित्व में इतना खो गयी कि
आज सुबह आइने में खुद को निहारते हुए
मुझमें उसके ही अक्स को महसूस करती रहीं।

तुम्हारे लफ्ज़

नैनों से आँसू बनकर छलकती गयी
अल्फाजों से शायरी बनकर महकती रहीं,
तुम्हारे हर लफ्ज में मुझे सिर्फ
मेरी तारीफ ही तारीफ नजर आयी।।

आसमाँ सा विशाल दिल होता है जरूरी
हुनर को पहचानकर दाद देने के लिए,
तभी तो गैरों के अल्फाजों में मैं
वो खास बात कभी ढूँढ ही नहीं पायी।।

प्रेम और ओस की बूँद

मुझे हमेशा महसूस होता है कि
“ओस की बूँदों का प्रेम से गहरा संबंध है।”......
क्योंकि उसने अंधेरी रातों से चाँदनी को
चुराकर स्वयं को निखारने का
लाजवाब हुनर जो पाया है......

न जाने कैसे!! उस पर हरे पत्तों और फूलों पर
खुद को बिखेरकर अपनी आंखिरी साँसों तक
ठहरने का जुनून सवार होता है।

जब नन्हीं सी वो बूँद पत्ते पर अपने
अस्तित्व को निर्माण करने की बार-बार
कोशिश करती है, तब
बेहद खूबसूरत बन जाती है।
हमेशा के लिए खो जाती है उसके संग...

चमकती भी है तो साथ उसका रंग लेकर और
खत्म भी होती है तो उसी के साथ....
वो प्यारी, नाजूक, चमकीली “ओस की बूँद”!!!

इसलिए, मेरे खयाल से
जो “प्रेम” को अच्छे से समझना चाहता है
उसे उस बूँद का निरीक्षण
अवश्य करना चाहिए, क्योंकि तभी
वो व्यक्ति प्रेम में मौजूद सहजता, गहराई और
समर्पण का महत्त्व समझ पाएगा और कभी

खोखली एवं कृत्रिम वस्तुओं के लिए
सच्चे प्रेम को न ठुकराएगा।

सादगी से परिपूर्ण, कोमल भावनाओं से
सजा हुआ वो इक ऐसा सुंदर मोती बन
जाएगा, जिसकी चाहत तो पूरी दुनिया को
रहेगी किंतु वो सिर्फ किसी एक खुश किस्मत
इन्सान के ही हिस्से में आएगा।

हमारा गुरुर

जिंदगी में मांग कर तो कोई भी मिल जाएगा,
लेकिन जो हमारी निगाहों की चाहत को
पहचान पाएगा, वही हमारा गुरूर बन जाएगा
लम्हें तो हजार जीने को मिल जाऐंगे लेकिन
जो दिल को जीत लेगा वही
अंतिम साँसो तक दिल में बसा
सबसे खूबसूरत पल बन जाएगा।।
इक ऐसा पल!!
जिसके सामने जिंदगी के सारे दर्द मिट जाएंगे।
मानों! कहीं हवा हो जाऐंगे।
लेकिन इक बात ये भी है
कि जब उस पल को आप जीना शुरू कर देंगे
फिर उसके बाद आप
चाहकर भी किसी के न हो पाएंगे।
उसके बिन ना जी पाएंगे
और ना ही कभी मर पाएंगे।।

सच्ची प्रीत

तू ही मेरा हौसला है और तू ही मेरी जीत है।
मुश्किलों के दौर में जो
हमेशा साथ रही वो हमारी सच्ची प्रीत है।।

दुनिया की शिकायतों की मुझे न कुछ पड़ी है,
क्योंकि निगाहों में तेरी मैंने
मेरी तस्वीर हर रोज पढ़ी है।

कहता है जमाना! कठिन जिंदगी की डगर है।
उन्हें क्या पता कि संग मेरे सदा हमसफर है।
दिल में अब अंधेरों की नहीं कोई जगह है,
क्योंकि तेरे संग हुई इस जिंदगी की फ़तह है।

बार-बार नजर उतारूँ रिश्ते की हमारे
उस खूबसूरत चाँद का दीदार कर।
मेरी हर साँस तुम्हारे नाम कर दूँ
मोहब्बत का सरेआम इजहार कर।।

हम दोनों का दिल जानता है कि
ऊपरी सतह सा नहीं,
इश्क के समुंदर में डूबा रिश्ता है हमारा।
समझे जो चाहे जमाना इसे लेकिन इक
दूजे में खोकर अमर हुआ किस्सा है हमारा।।

डाक

एहसासों की कड़ी में कभी
वो "डाक" भी शामिल हुआ करती थी,
जिससे रिश्तों में प्यार की महक
चिट्ठी के माध्यम से चारों ओर बिखर जाती थी
अपनों की बातें, पुरानी मुलाकातें
अल्फाज बनकर उनमें सजायी जाती थी।
उन चार स्नेह भरे शब्दों में
लोगों की पूरी दुनिया सिमटकर रहती थी।
कभी दर्द बंटते थे तो कभी खुशियाँ!!
और इन दोनों के साथ साथ
आँखों से बरसी कुछ बूँदों से
वहीं अल्फाज मिट जाते थे।।
मिटे भी वो अल्फाज कभी लेकिन
खूबसूरत यादों को दे जाते थे,
जिनके सहारे हम सभी रोजाना
दूर रहकर भी अपनों से मिल पाते थे।

सच्चाई का पथ

एक ही जीवन जिसमे देखे हम ख्वाब अनेक...
जितने संभाले उन्हें
उतनी ही उनकी रफ्तार तेज..

पूरा करने उन ख्वाबों को तुम
अपनाना ना "कूटनीति" का भेष
क्योंकि "झूठ" की उम्र न होती कुछ विशेष...

जीवन में मुश्किलें चाहे कितनी भी आए,
"बुराई" के पथ पर तुम कदापि ना करना प्रवेश

"सच्चाई" के रास्तें मेहनत करते रहना और
देखना कामयाबी चूमेगी तुम्हारे कदम सविशेष।

निखरता साल

खूबसूरत यादों संग, हुई थी सुहानी बातें,
उन्हीं अनगिनत बातों की फिर हुई बरसातें,

कई सपनों के रंग बिखरे फिजाओं में,
उन्हीं रंगों के "इंद्रधनुष" सजे नीले गगन में।

ये जो साल आया, साथ कई उम्मीदें लाया,
हमनें भी उन उम्मीदों को पंख दिये
जो आज आसमाँ में उड़ान भर गये।।

ऐसा न था कि दु:ख न आये जीवन में,
किंतु आने से उनके हौसलें हमारे बढ़ते गए
और उन्हीं बुलंद हौसलों संग
हम भी "जुगनू" समान निखरते गये।।

कहते है अलविदा प्यार से पुराने साल को
आना फिर तुम बदलकर अपने प्रतिरूप को,
क्योंकि यकीन हैं हमें साल तो नया होगा
किंतु उसका निखरा रुप
पहले से भी ज्यादा "बेहतरीन" होगा।

मेरी आफताब

तुम वो आफताब हो जिसने मुझे
महताब सी मेरी अदाओं से परिचित कराया।
ऐ सनम! मेरे जहान को तुमने
अपनी मोहब्बत से है रोशन किया।
देखो तो ये जिंदगी
आसान सी नजर आती है किंतु विपदाओं ने
ही इसे जीने का हुनर हमें सिखाया।
हाथ थामें दोनों साथ क्या चल दिए,
जिंदगी ने शान से जीने का
इक नया अवसर हमें प्रदान किया।

हमारा इश्क

गगन का वो हल्का नीला, स्वच्छ अंश मुझे
तुम्हारे शब्दों में रोज नजर आता है और
उसी को पूरा जहान समझकर ये मेरा
पगला मन कोमल भावनाओं से भर जाता है।

कभी-कभी बीच में ही नजर आते है वो
"कल्पनाओं के अनोखे पंख",
जिनके सहारे मैं रोज तुम्हें मेरे सृजन में
लिखकर प्रेम के आकाश में
मुक्त विहार करती हूँ।

कालिदास के वो मेघ भी उनमें नजर आते हैं,
जो दौड़कर तेरे संग मेरे मन की
शकुंतला के पास पहुँच जाते हैं।

देखा है ना तुमने!!
वो केसरी क्षितिज जो धरती और अंबर के
मिलन की कहानी को बयां करता है???
मुझे उसी क्षितिज पर हम दोनों की
छवि एकसाथ नजर आती है।

पता है क्यों?? क्योंकि
वो जो इश्क है ना!! वो हर पल
इक दूजे की साँसे बनकर
हमारे दिलों में जो धडकता हैं।।

माँ का आँचल

तुमसे ही है संसार को जाना,
तुमसे ही सीखी दुनियादारी,
माँ! तुम्हारे आँचल में मैंने
पायी है सदा सुखों की फुलवारी।।

तुम्हारे हौसलों भरे शब्दों से मैंने
विपदाओं में भी कभी हिम्मत न हारी,
देखना वो दिन अब दूर नहीं!! जब
तुम्हारे सपनों को ही साकार करेगी
ये तुम्हारी बिटिया रानी प्यारी।।

संयम

अनकहें भावों को करता है वो अभिव्यक्त।
"संयम" ही तो है शांत रहने का सुंदर नियम।।

क्रोध की अग्नि में जब झुलसता है अंतरमन,
आगे बढ़कर हमें काबू में
करता है हमारा यहीं संयम।।

निज प्रशंसा एवं दोगलेपन का
किसे नहीं होता भ्रम? किंतु
उसके टूटते ही मनुष्य को
चहुँओर महसूस होता है केवल गम।।

क्यों न समझ पाते कभी हम कि
"अपने ही विरूद्ध महायुद्ध है सयंम"।।
जिसने भी इस युद्ध को जीत लिया, समझो!
बिन लड़े ही उसने सीखा
जीवन में सुकून पाने का पाठ उच्चतम।।

बोल उठी वेदना

देख अपनों की बेवफाई का ख़ौफ़नाक मंजर।
दिल में गढ़ गया नुकीला खंजर।।
आँसुओं की बारिशें जमकर हुई।
जब दिलों की गलियाँ हुई बंजर।।

आह! भरते-भरते दिन-रात गुजरने लगे।
धीमे-धीमे हम खुद से ही जुदा हो गए।।
अल्फ़ाज़ों ने फिर फरिश्तों सा किरदार निभाया।
हमारे दिल का दर्द सिमट गया कोरे कागजों पर।।

खामोशियों ने शब्दों का स्वरूप लिया।
अपने शायराना अंदाज में कई दिलों को छुआ।
तारीफों की अनोखी बौछार फिर यूँ हुई कि
इन्हीं वेदनाओं का हमने उत्सव मना लिया।।

पंछियों की कहानी

वो "झरोखा" मेरे घर का मुझे
सोचने पर है मजबूर करता,
इठलाती, बलखाती खूबसूरत
तितलियों को देख सदा अचरज करता!!

नारियल देख पेड़ों पर, मेरे मन को
पवित्रता का एहसास है होता,
उनकी लयबद्धता देख कभी कभी
हम इन्सानों पर है तरस आता।।

ऊँचे उन पेड़ों पर सुखाये है कई पंछी,
मधुर ध्वनी उनकी सुन मन मेरा गाए प्रभाती।
चाहे मेरा मन, मैं भी उन पंछियों संग आसमान में उडान भरूं,
कभी जीतूं तो कभी हार भी गयी तो फिर नयी शुरूवात करूं।।

दोस्ती पंछियों से अजी आसान कहां होती है क्योंकि
पिंजरे में कैद पंछियों की जिंदगी तो खामोश कहानी होती है,
अगर हम इन्सान कुछ देर बंदिशों में रहें तो
बेबस और लाचार ये जिंदगानी हमें जो लगती है।

सुनहरी भोर

अलौकिक रचना प्रभु की जिसमें
नयी उम्मीद हर रोज दिल में जगती है।
रवि किरणों से सबके मन को उजागर कर
यह भोर सुनहरी भटकाती है।

पंछियों के कलरव में मैं
सुकून सा महसूस करती हूँ।
मेरे लिखे गीतों को उनके
संगीत का साज जो चढ़ाती हूँ।।

कई बार तितलियों के रंगों में
जीवन के रंग देख लेती हैं।
कहानी को उनकी सुन मैं भी
जीवन को खुशी से बिताती हूँ।।

भोर ये सुनहरी मेरे मन को
अनोखी उर्जा से भर देती है।
अपनी लालिमा को मेरे चेहरे पर बिखेरकर
वो मेरे रूप को और निखरती जाती है।।

सूरज के डूबने पर वो ऐसी रंगीन शाम बन जाती है
लगता मुझे जैसे कि भटकते मेरे मन को वो
आशा की नयी किरण दे जाती है।।

कलयुग का दौर

कलयुग का ये नया दौर है, जहाँ
दिखावे ने मचाया हर तरफ शोर है।
रिती-रिवाज, परंपराओं से अधिक
मचा झूठा तांम-झाम चहुंओर है।।

मन से अधिक तन के श्रृंगार का मोल है।
मोह के जाल में फंसता जा रहा संपूर्ण संसार है।।
ममता से भरे दिल का यहाँ न कोई ठिकाना है क्योंकि
भावनाओं में उलझना नयी पीढ़ी को लगता बेकार है।।

दिलों में अपनेपन का दीया एक जलाना है।
नयी पीढी को संस्कारों का महत्त्व समझाना है।
उन्नति चाहें वे कितनी भी कर लें, लेकिन
परिवार के साथ ही उन्हें आगे बढ़ना सीखना है।

होठों की मुस्कुराहट का राज एकता में ही छुपा है।
अपनों का हो अगर साथ तो दर्द भी किश्तों में बँटा है।
साथ-साथ चलें अगर सब हाथ थामे
तो उसमें ही खुशियों का असली मजा है।।

सिखाएंगे बच्चों को हम एकता का पाठ।
जिससे मासूम दिलों में न रहेगी कोई गांठ।
अपनों में ही ढूंढ लेंगे जब वो प्यारा सा यार,
कहेंगे यहीं तो है दिवाली का अनुपम उपहार।।

कार्तिक मास

संस्कृति से सुशोभित है धर्म सनातन।
जिसमें कार्तिक मास है सबसे पावन।।
विविध त्यौहारों से सजे इस मास में
दिलों में बढ़ता है प्रेम एवं अपनत्व।।

सर्द हवाएं लेकर आती है दीयों का त्यौहार।
संग सूर्य की उपासना का छठ पर्व महान।।
सुख, शांति एवं उत्तम स्वास्थ की प्रार्थना करते-करते
हर मन बन जाता है जैसे पवित्र तीर्थस्थान।।

तुलसी संग प्रेम के बंधन में बंधते श्रीहरि भगवान।
देवोत्थान एकादशी पर मंगलाष्टक एवं
शहनाईयों से गूंज उठता है समस्त जहान।।
जगह जगह बटती हैं मिठाईयों की सौगात
हर दिल में बजता है प्रेम का आलाप।।

जप, तप, व्रत संग अपनों का होता इसमें मिलाप।
साथ जब सब मिलते दिलों को महसूस होती खुशी अमाप।
रिश्ते फल-फूल जाते है जब प्रेमपूर्वक
सफल हो जाता है सनातन धर्म का उद्देश्य महान।।

चाँद से शिकायत

धुंधली तस्वीर यादों की जिसका
अहम गवाह आसमों में शामिल है।
देखो! ठगा-ठगा सा चाँद गगन का
आज खुद ही कहीं गाफिल है।।

रूठा जो यार मुझसे, जाने ना!
मेरे दिल का क्या हाल है?
ऐ चाँद! सच सच बता मुझे जरा तू!
क्यों उसे जरा भी नहीं मेरा ख्याल है?

बंदिशे दुनिया वालों की बेड़ियों बन गयी है,
कैसे समझाऊँ अब मैं उसे?
तुम संदेशा पहुँचाना कि बस जरा सी देर
और ये जिंदगी उसके ही नाम होने को है।।

दूर रहकर भी इश्क हमारा
आज भी तेरे दीदार से कायम है।
अब तू भी रूठ जाएगा यूँ तो बता कि
हम आशिकों के लिए और कौन सा जरिया है?

प्रेमियों की पटकथा

आँखों से दो दिलों का फ़साना शुरू होता है।
मन के गगन में तारे टिमटिमाने लगते हैं और
खयालों की तितलियाँ हमसफर के दीदार को तरसती हैं।

प्रेम के धागे में शब्दों के मोती पिरोकर
भावनाओं की खूबसूरत माला बन जाती है।
जैसे ही दो दिल मिलते हैं उनकी
प्रीति स्वयं की पटकथा लिखती है।।

शमा और परवाना इक-दूजे से आँख मिचौली खेलने लगते है।
मोहब्बत का सुर्ख़ रंग चढ़ते ही दो दिलों में इक धड़कन गूंज उठती है।।

अजी! दुनिया के उसूलों से उन्हें फर्क कहाँ पड़ता है?
वो तो बस अपनी ही धुन में
प्रीत की मोहक रीत को गुनगुनाते जाते है।।

इसलिए,
प्रेमियों की पटकथा लोगों के दिलों पर यूँ राज करती हैं कि जिसके
निशान कभी मिटाए न मिट पाते हैं।
इतिहास की अमर कहानी बनकर मासूम जोडों के दिलों में आशा की
नयी उम्मीद जगाती रहती है।

आशिकी - दिल का रोग

काँटे खोखले रिवाजों के
इश्क की राहों पर बिछते हैं,
मुश्किल में आ जाते हैं दिल
फिर भी बाज़ कहाँ आते है?

खोए रहतें है इक-दूजें में प्रेमी
ना जागते न वो सोते हैं,
कभी यूँ ही हँसते हैं तो कभी
दीदार के इक लम्हें को तरसते हैं।

बढ़ाते जो आशिक जिंदगी में आगे कदम
दुनिया के उसूलों को अपनाकर,
वे भीतर से बिखर जाते है,
माशूका की याद में फिर
खुद ही तबाह हो जाते है।

"आशिकी" है दिल का रोग ये
हम सभी बखूबी जानते हैं, फिर भी
इश्क के समुंदर में डूब जाने को
क्यों हम सभी इतना बेकरार रहते है?

विद्या

कनक-हीरों के आभूषणों संग
किया जाता है दो पल का श्रृंगार।
विद्या को जिसने भी आत्मसात किया
उनके विचारों में आती है
आत्म-संतुष्टि एवं समृद्धि की बहार।।

विद्या ही खोलें जीवन में उज्ज्वल भविष्य का द्वार।
विनम्रता लाए व्यक्ति के स्वभाव में और
प्रेमपूर्वक सिखाए उसे आचरण-व्यवहार।।

विद्या की ज्योत सबके दिलों में विवेक बुद्धि जागृत करें।
समाज के प्रति अपने दायित्त्व को उजागर कर
हर दिल से वो मिटाए अज्ञान का अंधकार।।

जीवन की अनमोल पूँजी है
नम्रता, शालीनता एवं अखंडित ज्ञान।
जिसके आधार से निखरता जाए
व्यक्ति का चरित्र हितकारी कल्पतरू के समान।।

नाकाम कोशिश

उम्मीदें तोड़ी थी जब तुमने दुनिया की बंदिशों से घबराकर,
आगे बढ़ा था मैं भी उसे तेरी मजबूरी समझकर।।

तेरे शहर से आज गुजरें तो तुझे खुश देखने को
ये आँखें मेरी तरसती रहीं,
उसी जगह आज मैंने कई बातें
अकेले ही अपने आप से कर ली।।

बदला सा है मौसम तेरे शहर का अब
दिल ने मेरे खुद ये तसल्ली कर ली,
"ऐ सनम! आना न फिर कभी मुझसे मिलने",
ये आखरी बात तेरी खुशी के लिए
हँसकर थी मैंने जो मान ली।

कांच सा बिखरा ये जो दिल था मेरा
बरसों से तेरी बेवफाई भुलाने की कोशिश में था,
तेरी बातों को मानकर उसने
अपने आप से बेईमानी थी कर ली।

फिर भी आस क्यों लगी है न जाने दिल को?
गुजरे उन हसीन पलों को फिर इक बार जीने की,
तुम्हारे शहर में आकर आखिरी बार मैंने
इस सवाल का जवाब ढूँढने की देखो
नाकाम इक कोशिश और कर ली।।

अटूट मित्रता

मित्रता की चाँदनी जब हमारे
मन के गगन पर उतरती है,
तब उसकी रोशनी संग चमकने को
हमारी सारी उम्र कम पड़ जाती है।।

जिसे देखकर बरसों बाद भी
चेहरे पर मुस्कान बिखरती है,
ऐसे अनमोल रिश्ते में हमारी
संपूर्ण दुनिया ही समा जाती है।।

विपदाओं की अग्नी में झुलसते हुए भी
जो हमारा आखिर तक हाथ थामे रखता है,
ऐसे मित्रों पर दुनिया अपनी जान छिड़कती है।

मित्र! उलझनों को सुलझाने की कड़ी,
मित्र मन के अंधेरों में जलती फूलझड़ी,
मित्र! ही बने हिम्मत की वो पूड़ियाँ
जो जीवन में आगे बढने की ताकत हमें देती हैं।।

दोस्ती! न हो कभी धुँवाधार बारिश सी
जो बरस कर रुक जाए,
दोस्ती! तो हो उन अल्हड़ बूँदों सी
जिनके गिरने से हमारा मन सुखाये।।

इक मन को जब दूसरे मन का रास्ता
आसानी से मिल जाता है,
तब ऐसी "अतूट मित्रता" से
दो दिलों की झोलियां खुशियों से भर जाती हैं।

उन्नति का आरोहण

पंछी, निर्मल नदियां, हरियाली को देख
मन हमारा सदा हर्षाता है विलक्षण,
वृक्षों से ही बनता हैं धरती माँ का रूप मनभावन,
पंछियों की गूंज से चहकता है ये निरभ्र गगन,
किंतु आज विकास के नाम पर वायु एवं विचारों के
प्रदूषण की चपेट में हैं हमारा तन और मन,
तो बताओ भला?
क्या जरूरत से ज्यादा "उन्नति का आरोहण"
प्रभावित नहीं कर रहा है मनुष्यों का जीवन?

सिर्फ तुम

मेरे जज्बातों के इक बड़े हिस्से में
रहता है सिर्फ तुम्हारा ही बसेरा,
तुम भी जानते हों! भली-भाँति कि तुम्हारी
जोशिलीं बातों से कई बार हुआ है मेरे जीवन में नया सवेरा।।

जब-जब अंतर्मन के द्वंद्व से जूझती हूँ मैं
तुम ही तो बन जाते हो मेरा सहारा,
ऐ दोस्त! मेरे लबों पर हँसी देखकर ही तो
छलकता हैं तुम्हारी खुशी का पैमाना।।

विपदाओं में बन जाते हो मेरी ढाल,
मेरी जीत का बिगुल बजाते हों उडाकर गुलाल,
ये दुनिया जब फेंकती है मोह का जाल,
आगे बढ़कर तुम खींच लाते हो मेरा सुकाल।।

कमजोरियां मत खोज मुझमें ऐ मेरे दोस्त!
क्योंकि एक तू भी शामिल है मेरी कमजोरियों में,
मेरी गुस्ताखियों को माफ कर देना बिन बोले ही क्योंकि
तुम बिन कुछ अच्छा और सच्चा न बचेगा मेरे जीवन में।।

माफ किया मैंने

दिल की सरजमीं पर दफन कर दिया
अपनों के ही दिए दर्द को मैंने,
फिर भी कभी शिकवा न किया,
सबको माफ किया मैंने।।

कभी हंसकर तो कभी आंसुओं के सहारे,
सारे सितम "महादेव के विष समान" निगल लिए मैंने,
हाँ! परिवार और दुनियादारी निभाने के लिए
सबको माफ किया मैंने।।

उम्र के हर पड़ाव पर
रिश्तेदारी निभाने की होड में,
खुद को ही हर बार
नीचा दिखाया था मैंने,
अपनों के ही दिये धोखे में गम के
अंधेरों में खुद को ढकेला था मैंने,

"दुनिया में कोई किसी का नहीं होता,
सारे स्वार्थ के नाव पर सवार हैं!!"
बस, इतना सा सच समझते ही
जानबूझ कर थोड़ा दूर रहना पसंद किया मैंने,
लेकिन! कभी शिकवा नहीं किया मैंने
सबको माफ किया मैंने।।

शुध्द मति एवं प्रेरणा

संपत्ति से क्यों लगाते हैं हम
किसी की मान-मर्यादा का अनुमान?
ज्ञान एवं संस्कार ही दिलाते हैं
व्यक्ति को सर्वोत्तम होने का पुरस्कार।।

समाज के प्रति जिसके
मन में हो समर्पण का भाव,
सत्य के मार्ग पर जो रहता हो अग्रसर,
इक दिन ले जाता है वही
देश को उन्नति के द्वार।।

"शुद्ध मति एवं प्रेरणा" के समन्वय से ही
होता है सर्वांगिण विकास,
उसी विकास के जोर पर हम दिलों से
न्यून कर सकते हैं "अपराध रूपी अंधकार"।।

मुझमें तेरा अक्स

कब से खडा हूँ जिदंगी के दोराहे पर
जहां तुम मुझे छोड़कर गयी थी,
आसमां को गवाह बनाकर अब हम
उससे ही तेरे शहर का पता पूछते हैं!!

सितारों में अब नहीं ढूँढते तुम्हें क्योंकि
जानते है कि तुम किसी और की अमानत हो!!
लेकिन, तेरी सलामती के लिए खुदा से
हर रोज इक दुआ जरूर मांगते है!

याद कर तेरी अल्हड़ बातों को आज भी
यूँ ही मन ही मन मुस्कुरा लेते है,
तुझ संग बिताए हर लम्हें को
दिल के कमरे में प्यार से सजाए रखते हैं।।

बहुत दूर है तेरा शहर फिर भी हवा के
हर झोंके से हम तेरा हाल पूछते हैं...!!
कितने पागल है हम आज भी जो
तेरे बारे में जानने को इतना बेचैन रहते है।।

तुम मेरी कभी न हो पाओगी फिर भी
हम तुम्हारे ही बनकर रहना चाहते है,
इसलिए, शायद पुरानी गलियों में हम
आज भी तेरे अक्स को संभाले रखते है।।

अनुराग

जन्म से लेकर मरण तक जरूरी है
अनुराग व्यक्ति के जीवन में, क्योंकि
तमाम जिम्मेदारियों को निभाते-निभाते कई बार
खुद को ही भूल जाते है हम जीने की होड़ में।।

मन से मन को जोड़ने वाला वो
सबसे सुंदर दुआ कहलाता है,
निश्चलता एवं पवित्रता के अलावा
और कोई भाव उसमें न पलता है।।

त्याग, समर्पण का अनूठा प्रवाह
दिलों की धड़कनों में बहने लगता है,
दुनिया के विरोध में भी उसकी बगिया में
चाहत का फूल सदैव खिलता जाता है।।

आमोदिनी

सपने में रोज दिखती तारे की छटा चंदेरी,
टुकुर-टुकुर निहारती वो जैसे हो कोई श्रृंगेरी।।

नन्हीं वो चाँदनी जिससे रोशन संपूर्ण दुनिया हो जाती,
सबको आकर्षित करने वाली सौंदर्य की वो धनी ।।

बेटियां भी तो होती है नाजुक, खूबसूरत सी कुमुदिनी,
जीवन में सबके नयी उमंग भरने वाली प्यारी आमोदिनी।।

पैरों में पायल पहन वो घूमे डगर-डगर,
जहां भी जाए अपनी बातों का दिलों पर छोडे असर!!!
अल्हड़ होकर भी ईश्वर ने उन्हें सूझ-बूझ भेंट स्वरूप दी,
निश्चयता संग प्रबोधन कर दुनियाभर में
वो राज करे दिलों पर बन रानी।।

सुनो दुनिया वालो!!!!
तोड़ो न इन नाजुक कलियों को
अपने नापाक इरादों के लिए, क्योंकि
उनके होने से ही संपूर्ण विश्व में है
बिखरी रहती सदा मुस्कुराहट की चाँदनी।।

बरसात की विदाई

धरा से मिलने की बूँदों की बैचेनी को
अब मैंने भी है पहचान लिया,
भरकर जब बादलों काँरवा
आसमान में था आया।।

बरसात में पेड़ों की टहनी पर जब
पंछियों के युगल गीतों को सुना,
मन मेरे भी बरसी हजार हसरतें और
दिल साजन से मिलने बेकरार हुआ।।

लौटते देख न पाऊँगी मैं
सुहाने चंचल इस मौसम को,
इंतजार के उन पलों में क्योंकि
बारिश की यादें तो होंगी लेकिन
इक बरस वो अल्हड़ भीगना न हो पाएगा।।

अलविदा तुझे कहना तो नहीं चाहती
लेकिन यहीं तो दस्तूर है, क्योंकि
जब तक तुम नहीं लौटोगे तब तक
"सर्दी" का मिजाज शायराना न होगा।।

संसृत्ति

संसृत्ति के विरुद्ध जाने वालों की
अलग सी बात है।
अनगिनत कठिनाईयों में राह ढूँढ़ने की
उनके दिलों में जो दहक हैं।।

चक्र से संसृति के हम सभी गुजरते हैं
किंतु जो शुद्ध आचरण के साथ आगे बढ़ते हैं,
उनके जीवन में आत्म संतुष्टि की चाँदनी बिखरती हैं।।

यहीं तो "संसृति" का नियम है कि
कठिन परिस्थितियों में जो शांत रहा है,
केवल वही लोगों के दिल-ओ-दिमाग पर
अंतिम समय के पश्चात भी छाया है।।

संस्कारो का अमृतकलश

वेदनाओं में भी जब होठों पर
सजाए रखते हम मुस्कान।
तो वहीं बन जाती है
धैर्यवान मनुष्य की असली पहचान।।

तेज लहरों सी मुश्किलों में भी
जो ढूँढते हैं अपने अस्तित्त्व के निशान।
वहीं मनुष्य हिम्मत के साथ
पहुँच पाते हैं अपने गंतव्य स्थान।।

माँ–बाप एवं गुरु के आशीर्वाद से ही
मना पाते हैं हम जीत का असली जश्ना
क्योंकि उनके संस्कारों के अमृतकलश में
ही छुपा है सबके जीवन का उत्थान।।

जिनके जीत का मार्ग है
सच्ची आराधना संग अखंड प्रयास।
उनके लिए स्वयं ईश्वर ही बनाते है
संतुष्टि का निरभ्र आसमान।।

घर किसे कहते हैं?

दिल ने आज फिर सवाल किया है।
क्या चारदीवारी को ही घर कहते है???

रंगीन दीवारें और कीमती सामान से परे अपनों का स्नेह है।
मुझे लगता, जहाँ वो भरपूर मिलें वही मकान घर कहलाते है।।

जहाँ दिलों में सद्भाव एवं प्रेम की नदियाँ बहती हों।
इक सदस्य के न होने से भी दिलों की गलियाँ खाली लगती हों।
वहीं खूबसूरत आशियाना घर कहलाता है।।

हालातों की भट्टी में झुलसते हुए भी जो कसकर इक-दूजे का हाथ थामें,
जहाँ कदम रखते ही हमारे दिल को गहरा सुकून मिले।
अपनत्व, ममता, समर्पण की ईटों पर जो डटकर खड़ा रहता है,
उसी आशियाने की दहलीज पर सारे सुखों का वास होता है।
तभी तो चारदीवारी से नहीं,
अपनों के स्नेह से रोशन हुए घर किसी मंदिर से कम न लगते है।

कभी आना तुम

दरख्तों से झाँकती सूरज की किरणें
सरिता की लहरों पर ठहर जाती हैं।
पानी को मोतियों सा चमकीला बनाकर
मिलन का अल्लहड़ गीत वो सुनाती है।।

कभी आना तुम भी किनारे पर
उसका मधुर गीत सुनने संग मेरे।
खो जाएंगे हम इक दूजे में जब
कोयल प्रीति का आलाप लगाती है।।

उभर आएंगे जज्बात दिल के जब
इन आँखों को यार का दीदार होगा।
सितारे भी छुप जाएंगे शरमाकर कहीं क्योंकि
मेरे चेहरे पर तुम्हारे इश्क का नूर जो खिलता है।।

अबकी बार आकर ठहर जाना तुम
हमेशा के लिए मेरी जिंदगी में।
मैं खुद को ही पा लूँगी सदा के लिए क्योंकि
तुम्हारा प्रेम इन साँसों में दिल बनकर जो धडकता है।।

माँ की सीख

सिर्फ तक़दीर के सहारे न बैठ कभी मेरे प्यारे,
मेहनत के दम पर ही बुलंद करना तुम अपने सितारे।

ज्ञान एवं नितीमत्ता से इतने सर्वगुण सपन्न होना तुम कि
न करनी पडे जिंदगी में किसी की मनुहार तुम्हें प्यारे।

दुश्वारी से कभी गर्दिश की खाई में न जाना तुम,
जिंदगी को सबकी मोहब्बत से निखारना तुम मेरे राजदुलारे।।

ख़ुदा को हमेशा नेकी है भांति, बस यही सीख
अपने माँ की सदा याद रखना दुनिया के उभरते सितारे।।

सपनों की छलांग

गहरे जख्मों का था बसेरा मेरे दिल के गाँव,
कभी वह छुपते थे पलकों की छाँव
तो कभी बहते थे आंसू बन वही घांव।।

चौखट पर कर्तव्यों के
थम जाते थे जब-जब मेरे पग,
बंदिशों में जखडकर कभी न देख पाती मैं
विस्तारित क्षितिज को उस क्षण।।

जिंदगी की ढलती शाम भास्कर का
उजला स्वरूप नजरों को तो भाया, किंतु
कल्पना और सच्चाई के बीच
कठिनाईयों से भरा फांसला भी नजर आया।

इक कदम पीछे जाकर हिम्मत से
लगा दी सपनों की ईमानदार छलांग,
देखो! हार कर न बैठी कभी किसी पड़ाव, तभी तो
हासिल कर लिया आज अपना मक़ाम।।

जज्बातों का सुकून

शायरों की नज्मों को मुकम्मल जहान
नसीब हुआ क़िताबो में,

अनुभवों की स्याही से उन्होंने
बीते खूबसूरत लम्हों को सजा दिया पन्नों पे,

क़िरदार पुराना ही क्यों न हो
उसका मुकाम तय हुआ आज नए पन्नों पे,

कदरदानों ने जब पढ़ लिया उस शायरी को उन्हें
नजर आया बिती जिंदगी का #अक्स शायर की हसरतों में,

वही खूबसूरत #अल्फाज़ बयां करने लगे
वो कई किस्से जो खो गए थे जिंदगी की भागदौड में,

आंसू बन गिर पडी जो फिर पन्नों पर कुछ बूँदे
जज्बातों ने भी सुकून पा लिया दिल की गहराईयों में।।

नारी का संघर्ष

खोखलें रिश्तों के बंधनों में सदैव
उलझा रहा नारी तुम्हारा मन,
समाज के तानों और उसूलों से
छलनी होता रहा कोमल ये अंतर्मन।।

मुस्कान के मुखौटे के पीछे आंसू छुपाकर
समाज में घूमती रहीं बन सबकी ढाल,
क्यों आखिर, नारी तुम
थमा न पायी दुष्टों का प्रभंजन?

मुखौटा हटाकर इक बार तुम खुलकर
सच्चाई को समाज में उजागर करो,
आंसुओं को मिटाकर तुम अपने
अधिकारों की लड़ाई को हिम्मत से लड़ो।।

झुकना होगा समाज कंटकों को तुम्हारे
अटूट विश्वास और प्रयास के आगे,
हे भगिनी! तुम इक बार निष्ठा से
अपने स्वाभिमान के लिए संघर्ष तो करो।।

माना जन्म-मृत्यु के फेरे में
बंधा है वसुंधरा पर प्रत्येक जीव, किंतु
"विकृत मानसिकता का प्रतिकार" करने की
सीख तो हमें स्वयं देते है सदाशिव।।

संस्कृति का जतन

संस्कारों एवं संबंधों के बीजों से
सींच तू बगिया तेरे जीवन की
झूठे ढकोसलों को अपनाकर
हे युवा! तू न कर मनमानी खुद की।।

नीति मूल्यों के साथ परिवर्तन भी
जरूरी है सामाजिक उद्धार के लिए
बस इतनी सी बात समझकर तुम
शिक्षित होकर करना उन्नती समाज की।।

भारतीय संस्कृति की धरोहर है
शालीनता, सभ्यता एवं विनम्रता,
जिससे कभी न हो पाएगी
जगत में किसी की भी तुलना।।

भिन्न त्यौहार, भाषाएं, वेशभूषा है
हमारे संस्कृति की शान,
शास्त्र शुद्ध अच्छे रीति रिवाजों से
लगते है उनमें चार चाँद।।

जब सिखाएंगे भावी पीढ़ी को हम नयी
तकनीकों संग पाठ पुरानी सभ्यता का,
कभी न सहना पड़ेगा उन्हें जीवन में
बोझ अकेलेपन एवं निराशा का।।

हे युवा! तुम भी अब सीख लो हुनर
संस्कृति को जतन कर आगे बढने का,
आधार देकर अपने जीवन को पुरानी सभ्यता का
दुनियाभर में दीपक जलाना
तुम हमारी भारतीय संस्कृति का।।

देव नदी "गंगा"

देव नदी परम पूजिता,
है सृष्टि का यह वरदान,
जिसके निर्मल जल ने सबको
जीवन किया है प्रदान।।

सबके लिए खुला है ये
पापों के मुक्ति का द्वार,
"गंगा" में समाते है न जाने
कितने ही "विधी-संस्कार"।।

काशी के इस धरोहर की
अनसुनी न करें हम गुहार,
अतुकांत सी बिखर जाएगी इक दिन
गंदगी को देख पवित्र गंगा की धार।।

सदियों से रहीं है ये भारत के
सभ्यता एवं संस्कृति की पहचान,
निर्मल रख जलधारा को उसके
कर सकते है हम अपना कर्तव्य पार।।

संगीत

आकाश में पवन मुक्त लहराए,
वृक्षों पर पंछी चहचहाएं,
स्वच्छंद विहार कर दोनों
धरती पर सुमधुर सूर लगाएं।।

स्वरमय बूँदे बारिश की बरसे प्रपात,
मन को लगे वो हमारे अभिज्ञात,
जलधारा का ये राग मधुर जैसे
ईश्वर का आशिर्वाद तिलिस्मात।।

धूप-छांव के अनोखे खेल में
दिन-रात शब्दों का करूं मैं मेल,
शब्दों को आलाप की माला में पिरोकर
भावनाओं को जीवित करती है जो लय।।

सुर, ताल, छंद है जैसे
मधुमालती का महकता मकरंद,
संगीत से तृप्त होकर बोझिल
दिल का थम जाए द्वंद्व।।

संगीत है मस्तिष्क का आराम,
संगीत से मिले जज्बातों को आयाम,
संगीत ही भेजें दिलों को वो पैगाम जिससे
जीवन में बिखरे खुशी के पल तमाम।।

जीत का जश्न

तूफानों को मौन रहकर सहना
सीखा है जीवन में जिन्होंने,
दर्द भरी राहों को आसान करने के
हुनर को भी बखूबी निभाया उन्होंने।।

अपने प्रयास से कठिनाईयों को
हराने का जज्बा मौजूद है जिनमें
"मुझसे कभी न होगा" कहने का अवसर
बहुत कम मिला उन्हें जीवन में।।

हे मानव! दुख तो सबके जीवन का है
अत्यंत महत्त्वपूर्ण हिस्सा,
जो इन्हें सहकर भी आगे बढते जाए,
उनका सजता है इतिहास के पन्नों पर स्वर्णिम किस्सा।।

आँधी–तूफान से डरकर तुम
जीवन रूपी नैय्या को मजधार में न छोड़ना,
डटकर सामना करना तूफानों का और
सदैव जीत का जश्न अपनों संग मनाना।।

बच्चपन की तस्वीर

जब हुई थी जिंदगी में पहली बरसात
अल्हड़ नन्हीं जान मैं घबराती थी बिन बात।।

कड़क जाती थी जब उसमें बिजलियाँ
सहमकर चुपचाप बैठती मैं माँ के साथ।।

बैचेन होती थी मेरी नजर,
उस पर बाहर दिखता "इंद्रधनुष" सुंदर,
रंगों को उसके गिनते-गिनते न जाने!
कब आंखों में संजोती मैं सपने हजार?

ख्वाहिशों के कागज की कश्ती मैं बनाती,
जरा से पानी को समुंदर समझ लेती,
हसरतों को मेरी उस कश्ती संग बहाकर,
मौलिक खुशियों का आनंद मैं उठाती।।

आज उन कागज के कश्तियों की कहानी,
समय के साथ धुँधली सी नजर आयी,
देख इस नन्हीं जान को मुझे भी
मेरे बचपन की तस्वीर परछाईं सी नजर आयी।।

जीवन का सार

विरह में भी मैं जी गयी जब
शब्दों से मैंने दोस्ती कर ली,
मन की व्यथा को उनमें सजाकर
अपने उर की पीड़ा हंसकर सह ली।।

आशावाद से भरी मेरी ही छवि
स्वप्न बन मुझसे इक सवाल कर गयी,
यूँ अपनी इच्छाओं को भूल कर तुम
जीवन को खुशनुमा कैसे कर गयी?

कर ली मैंने उससे भी अपने मन की बात,
सुकून के सिवा इस दिल को न रहीं कोई आस,
न्योछावर कर निस्वार्थ प्रेम को अपनों पर
उनके दिल में मैं घर जो हूँ कर गयी।।

सार जीवन का यहीं मैंने समझा है,
औरों की हँसी से संसार को निखारा है,
छोटे से छोटे पलों में भी अब
संपूर्ण विश्व की खुशियों को अपने कदमों में पाया है।

रणछोड़ कन्हैया

पूतना को कर पराजित, परिचय
दिया जगत को अपनी शक्ति का,
ऐसे नटखट नंद गोपाल ने सदैव
ध्यान रखा है अपने प्रिय भक्तजनों का।।

इक बार मगधराज ने थी ललकार लगायी
लीलाधर को अहंकार में अपने,
पाया था जिसने अमरत्व वरदान स्वरूप शिव से
उस "सम्राट कालयवन" को साथ लिए।।

देख अजेय, राक्षसों सा आक्रमक रूप कालयवन का,
छोड़ रण भागे मनमोहन घनघोर निशा,
तब असुरों से युद्ध कर कुंभकर्ण समान
तान कर सोए थे राजा मुचकुंद इक अंधेरी गुफा।।

कालयवन ने सोए मुचकुंद के
मुँह पर देखा कान्हा का वस्त्र पीतांबर,
भ्रमित होकर हर्ष में मुँह से हटाया वस्त्र
और तुरंत नष्ट हुआ भस्म होकर।।

जय जय हे मुरलीधर!!
कोई न जाने तुम्हारी लीला अगाध,
युक्ति से भी जीत सकते हैं हम लडाई,
पाठ सिखाया तुमने जगत को
कहलवाकर स्वयं को रणछोड़।।

राम जी पधारे हैं

जहां देखो वहां "श्री राम" का ही जाप है,
हर मन के आँगन में उनका ही आलाप है।

जो माँ-बाप का सम्मान करें,
उनमें बसते सदा राम है,
जन की पीड़ा को समझे जो
उस ह्रदय में उनके होने का प्रमाण है।

बरसो बाद आज राम जी
फिर से अवध नगरी पधारें है,
हर दिल "हर्ष" से स्वागत में उनके
आस्था के फूल लेकर तैयार है।

जो लौटे है वे अब तो जनमानस को भी
उनकी सीख को अपनाना है,
उनके हर "सच्चे गुण" को
स्वयं अवगत करना है।

अपनाकर उनके नीती-मूल्यों को
सबके साथ आगे बढ़ना है,
सही अर्थ से "रामजी" के
पधारने का पर्व आज मनाना है।।

उठ हे! नारी

ईश्वर के बनाये इस संसार में
तुम हो जैसे सुंदर सी कोमल फूलझडी,
बताओ! क्यों इस नापाक चक्रव्यूह में
सहमी सी हो आज मुरझायी खड़ी??

कलयुग के इस दौर में हे नारी!
गंदी नजरों से क्यों तुम हार रहीं?
दृष्टों से अपने दामन को बचाने
कान्हा को क्यों हो पुकार रहीं??

माना! मन भयभीत हो रहा है तुम्हारा
देख गीदड़ से इन समाजकंटकों को,
घिरी न रहों अनामिक डर से! चलो उठो और
हिम्मत से इनका विरोध करों, सखी!!

विकृत, विभत्स इन दरिंदो से अब
तुम स्वयं लडो बन रणरागिणी,
उठाओ तलवार आत्मविश्वास के साथ और
करो विनाश इनका बन महिषासुर मर्दिनी।।

माँ की बनायी खीर

आज सुबह जब मैंने खीर बनायी,
परिवार के लोगों को वो खूब भायी,
साहिब ने मुझे जब प्यार से खिलायी,
तो माँ! मुझे आपकी बहुत याद आयी।

वैसे तो मीठा मुझे ज्यादा भाता नहीं है,
किंतु तुम्हारे हाथों से बनी खीर का स्वाद
और किसी में कहां आता है?
उसमें शक्कर के साथ
तुम्हारा दुलार जो मिला होता है।

याद है आपको!
मेरे हर जन्मदिन पर या
परीक्षा में अव्वल नंबर पाने पर
आप खीर बनाया करती थी,
अपने हाथों से उस खीर को फिर
मुझे खिलाती थी।
केक से ज्यादा तो माँ!
मुझे आपके हाथों की बनायी खीर भाती थी।

आज भी जब मेरे घर में खीर बनाती है,
तो तुम्हारे नाती को उसी प्यार से खिलाती हूँ,
जैसे हम दोनों के रिश्ते में
मैं मेरे बचपन के पल जी लेती हूँ।

माँ! तुम्हारे हाथों की बनी खीर को
सदा बहुत याद करती हूँ।।

प्रेम भरा अधिकार

लिखते-लिखते शब्दों से खेले
नि:शब्द कोरा ये मेरा अंतरमन,
जैसे बरसकर चले जाते है ना
आषाढ़ के वो रिक्त घन।।

पिघलता जाए अस्तित्त्व मेरा
क्षितिज की सुंदरता को निहार,
रूक जाए ये मेरे प्राण-पखेरू
आकर चाँद-सूरज के किनारे।।

हाथ पकड़ तुम्हारा ऐ साहिब!
मैं दूर चलूँ उसी क्षितिज के पार,
अद्भुत सौंदर्य को निहारते-निहारते
तुम्हारा प्रेम बरसे मुझपर बारंबार।।

सुवर्णमयी मुग्ध लालिमा में छवि हमारी
निखरकर आए राधे-श्याम समान,
इक दूजे के नैनों में हम खो जाए और
हमारे जीवन में बरसे प्रेम का अंबार।।

सुध-बुध खोकर हम दोनों एक हो जाए,
लालिमा क्षितिज की दो दिलों को रोशन कर जाए,
थामे रख हाथ आजीवन कसकर,
जताए इक-दूजे पर हम प्रेम भरा अधिकार।।

सृष्टि की सुंदरता

धन–दौलत की चमक से ज्यादा
मेरे मन को भाती है सुनहरी भोर,
पंछियों के मीठे स्वर कानों पर आते ही
मेरा मन खिंचा चला जाता है प्रकृति की ओर।।

पत्तों की सरसराहट में सुनाई देता है
मुझे हर रोज नया सुरीला अंदाज,
स्वच्छ नदियाँ भी समुंदर से मिलने को
कितनी हो जाती है ना बेकरार??

बरसात की बूँदों के गिरने से
तृप्त हो जाती है जो वसुंधरा,
महकने वो लगती है और सौंधी खूशबू से अपनी
मेरे दिल को मोह लेती है बार–बार।।

जैसे ही कलियाँ खिलने लगती है,
भवरें भी रचनाकार बन जाते हैं,
मोहक अंदाज में अपने गुनगुनाकर वो
कलियों के दिल को रिझाने जो लगते है।

देख सृष्टि की सुंदरता को मेरी आंखों के
चिलमन में जैसे जुगनू चमक जाते हैं,
इतने खूबसूरत नजारों के दीदार के बाद मेरे हाथ जुड़कर
"सृष्टि की रचयता" के आभार दिल से प्रकट करते हैं।

अर्पण

हृदय को अनोखी लगन लगी, जब
तुम्हारे चरित्र की निर्मल छटा देखी।
नींदों ने भी मुझसे आँखें चुरा ली और जगी आँखों ने
सपने में देखी हमारे भविष्य की अनुपम छवि।।

चमकने लगे दिन में सितारे और
मैं तुम पर अपना दिल हारी।
प्रीत जब से जुडी जो तुमसे
देखो! मैं हो गयी तुम्हारी ही दिवानी।।

आया जब सावन अति मनभावन
सुन लिया शिव-शक्ति के मिलन का पावन गीत।
जप, तप, व्रत कर लिए कई मैंने और
बना लिया तुम्हें ही जीवनभर के लिए मेरा मीत।।

अनुभूतियाँ हमारे उज्ज्वल भविष्य की
जब रोज बताता रहा मुझे दर्पण।
मेरे अस्तित्व को तुझमें समाकर मैंने
ये प्राण-पखेरू कर दिए तुम्हें ही अर्पण।।

श्रम का महत्व

मेहनत का गीत जो गाते है
वो दुखड़ो का बाजार नहीं करतें,
आलस्य जिनके देह में भरा हैं वही
काम से अपनी नजरों को है चुराते।।

कठिनाईयां कितनी भी आए जीवन में
मेहनती इन्सान उन पर मात है कर जाते,
जिनको आता दुखों को पकड़कर रखना
वे न कभी जिंदगी में उपर उठ पाते।।

"श्रम" ही है यशस्वी होने का एकमात्र पथ,
क्यों न आलसी मनुष्य कभी ये बात समझ पाते?
आत्मसंतुष्टि के साथ जीवन-रथ को खींचने
केवल हमारे कष्ट ही है हमारा सहयोग करते।।

साँसों की श्रृंखला - तुम

साँसों की श्रृंखला में सहजकर तुम्हें मैं रखती हूँ।
जबसे तुम मिलें हो मुझे, सातवें आसमान में उड़ती हूँ।।

तेरी तारीफ में रोज इक गीत लिखती हूँ।
कभी हमारा प्रेम तो कभी श्रृंगार उसमें सजाती हूँ।।

हर पल तुम मुझमें दिल बनकर धड़कते हो।
तभी तो #करवाचौथ के चाँद में भी मैं तुम्हारी ही परछाई देखती हूँ।।

शरद पूर्णिमा

चाँद की धवल रोशनी संग
टिमटिमा रहें सितारे आज गगन में।
नेत्र सुखाये और मन लुभाये हमारा देख
तारों के हसीन नजारों को पूर्णिमा की रात में।।

मेघ भी हुए आज शरारती, देखो!!
जो छुपा गए खूबसूरत चाँद को।।
सौंदर्य को उसके बढ़ाना जो था
शरद की इस चंचल, अल्ल्हड़ रात को।।

पूजन, जागरण, आराधना
सबकुछ हुए रात के पहले प्रहर।
देख चाँदनी में सुनहरी खीर को
सबके मन दौड़ी खुशी की लहर।।

अनूठी इस पूर्णिमा को नभ आँगन में
फैला शीतलता का उज्ज्वल प्रकाश।
भीगा गया चाँदनी समेत स्वयं को
देखो आज कैसे ये संपूर्ण आकाश।।

राधे-श्याम सी रास रचायी सितारों ने
खूबसूरत, प्यारी इस रंगीन रात में,
रचें खुशियों के गीत सुमधुर और
बढ़ायी रिश्तों के बीच की मिठास।।

मिट गए मन से सारे क्लेश-कलह और
बनी रिश्तों की जड़ें मजबूत।
रात की इस अनोखी सौगात में देखो!
मन मेरे भी उमड़ आयी शब्दों की प्रीत।।

करवाचौथ का चाँद

छत पर बैठे मैं राह निहारूँ
तुम्हारी ऐ मेरे प्रियतम।
आस के मोती मेरी आँखों में सजाकर
तुम्हारे दीदार को तरस जाऊँ मेरे हमदम।।

मांग में मेरी ये जो सिंदूर है तुमने सजाया,
गहरा रंग उसका मेरी जिंदगी पर है छाया।
सात जन्मों के अटूट बंधन का ये लाल रंग
सबसे अहम गवाह है आज बन गया।।

चाँद से रोशन हो रहा है ये आसमाँ।
जिसमें खो गया है आज ये पूरा जमाना।।
मैं भी क्या जमाने की बातें लेकर बैठ गयी, पिया!
क्योंकि मेरा हाल भी उनसे अलग भला कहाँ रहा?

शशि का उजला रंग जैसे ही पूरे आसमाँ में बिखरा।
सुहाग की निशानियों संग मन भी रंगीन तितलियों सा बहका।।
उभरते रहें मन में एहसास तुम्हारी राहों में ऐसे
मानों अमरप्रेम की दास्ताँ को वो लिख रहा।।

मांगू मैं दिल से यहीं इक दुवा कि
तुम्हारी हर ख्वाहिश पूरी करें मेरा खुदा।
करवाचौथ के इस हसीन मौके पर मेरी उम्र का हर लम्हा
मैं तुम्हारे ही नाम कर दूँ ऐ मेरे प्यारे हमनवा।।

सहलाता जा तू!

सीमा में मत बांध भावनाओं को
धधकता लावा वो बन जाएगी।
सब्र जब टूटेगा तेरा, उस वक्त
ये दुनिया तेरे किसी काम न आएगी।।

दिल खोलकर अपनी बातों को
सबके सामने रखना सीख ले तू!
वरना! तेरी ये चुप्पी इक दिन
तेरी हसरतों को अपने साथ ले डूबेगी।।

दिल को सताते सवालों के जवाब प्यारे ढूँढ़ ले तू।
रिश्तों को संभालने की जिम्मेदारी में
जरूरत से ज्यादा समझदारी भी न दिखा तू, क्योंकि
ये दुनिया इसे तेरी कमजोरी समझती जाएगी।।

मजबूत इरादों को अपने मंजिल की ओर ले जा तू।
ज्यादा नहीं थोड़ा ही सही उन्हें सहलाता जा तू।
ऐ मुसाफिर! बड़ी खूबसूरत है मिली ये जिंदगी
इसे यूँ ही परेशानियों में न गवाँ तू।।

कभी प्यार से उसे सहलाता जा तू!
देखना फिर कैसे वो बिखेरती है अपना जादू।।
गम भी दस्तक देंगे तेरी चौखट पर कभी अगर,
उनका हिम्मत के साथ सामना फिर कर पाएगा तू।

सपनों भरी वो दीपावली

कल कंदीलों की दुकानों पर नन्हों की
आस भरी नजरें मेरे दिल को पसीज गयी।
कह रही हो जैसे इतनी रोशनी
हमारे झोपडों को कभी भी न नसीब हुई।।

दो निवालों की जरूरत में मैंने जब उन्हें
चौराहों पर अपनी मेहनत को बेचते देखा।
लगा यूँ जैसे उनके भविष्य को मैंने
गरीबी की भट्टी में फिर इक बार झुलसते देखा।।

कहते है सब, रोशनी के इस पर्व की बात निराली है
लेकिन इन फरिश्तों के दिलों में छायी रहती मायूसी है।
बिक जाए उनके जीने का ये जरा सा सामान अगर
तो यही दिपावली की भेंट सबसे अनोखी है।।

न जाने कब सपनों भरी वो दिवाली आएगी?
जिसमें हर बच्चे के चेहरे पर खूबसूरत मुस्कान छाएगी।।
दिलों में शिक्षा का उजाला और पेट की भूख शांत होकर इन मासूमों
की जिंदगी भी जरा आसान बन जाएगी।।

में "कला" को जिंदा रखती हूँ

ये जिंदगी बड़ी सस्ती है, हमें आसानी से जो मिली है।
हर रोज एक सी गुजारनी मुझे न भाती है।
तभी तो हसरतें मेरी रोज नयी नयी राहें ढूँढती हैं।।

दिनभर की थकावट के बाद जब कदम घर की ओर बढ़ते है।
स्वागत में मेरे द्वार पर विभिन्न रंगों को पाती हूँ।
कलम को धीमी सी मुस्कान के साथ मेरा
इंतजार करते देख लेती हूँ।।

"रंग भरती जा अपनी खुशियों के
और गीतों को सजा लें कागज पर तू"।
"तरोताजा कर जिंदगी को नए से"
मेरे कानों में ख्वाहिशों की गुहार सुन लेती हूँ।।

"कला" के इन दो रूपों से सच्ची यारी निभाती हूँ।
तभी समय से स्वयं के लिए दो पल चुरा पाती हूँ।।
"आजीवन अपनी प्रतिभाओं का सम्मान करना"
इसलिए, सभी दोस्तों से दिल से कहती रहती हूँ।।

समाप्त कभी न होंगी इस जिंदगी की जरूरतें।
जिनके लिए पीछे छूट जाती हैं दिलों की तमाम हसरतें।।
तर-बतर होते उन्हें मैं कभी न देखना चाहती हूँ इसलिए,
दिल में मेरी पसंदीदा "कलाओं" को मैं जिंदा रखती हूँ।।

सिर्फ तेरे प्यार की जरुरत

कारवां गुजर गया, गुबार देखते रहे।
उन्हें कहाँ पता है कि वो हमें कितना अकेला कर गए।।

रुलाती रहीं दिल को उनकी तमाम नादानियां।
इश्क में डूबी शोखियाँ और प्यार भरी वो नज्मों की गलियाँ।।

दिन गुजर रहें ऐसे कि पल भी लगें साल भर जैसे।
संदेशा उन्हें भेजूं भी तो पता नहीं उनकी दुनिया तक पहुँचेगा कैसे?

बातें-मुलाकातें सब कुछ अधूरी कहानी लगती है।
तुम बिन तो आगे की ये जिंदगी वीरान नजर आती है।
सामने सब नजर आते हैं बस इक तेरा पता न ढूँढ पाती हूँ।।

कैसे तुझे समझाऊँ साथी!!
आँखों को इन तेरे ही दीदार की आदत हैं
मेरी हर सांस को जिंदा रहने के लिए
सिर्फ तेरे प्यार की जरूरत है।।

खुशियों भरी दीपावली

मन के अंधकार को और स्वभाव में
स्थापित अहंकार को सदा के लिए मिटाना है।
नम्रता एवं नवचेतना का इक-इक दिया
अब हमें अपने मन में प्रज्वलित करना है।।

ज्ञान का सही उपयोग कर
कर्म के मार्ग पर यशस्वी होना है।
सबके साथ आगे बढते हुए जीवन की
दुविधा को आसानी से मिटाना है।।

त्यागकर सभी मनमुटाव
रूठे हुए अपनों को मनाना है।
क्योंकि जीवन की रंगोली
उनके बिन लगती सदैव अधूरी है।।

प्रेम का दीपक मन में जलाकर, चलो!
मनाये हम सब ये दीपावली।
अपनेपन के धागों में रिश्तों को बुनकर
पाए अनगिनत खुशियाँ निराली।।

माँ धन्वंतरी और माँ लक्ष्मी के आशिर्वाद से
मिलेगी हमें स्वास्थदायक खूबसूरत जिंदगी।
तन-मन-धन का जतन कर चलों!
हम सब मनाए खुशियोंभरी दीपावली।।

भीम का किरदार

विभिन्न किरदारों से प्रभावित रहा हम सबका बचपन।
याद जिन्हें करते हुए आज भी मुस्कुराता है मन का दर्पण।।

सोचे मेरा दिल बारंबार!
ये छोटा भीम बडा कैसे न होता यार?
उम्र हमारी गुजरने लगी है और देखो!
दिलों में नए से रोज जीता है भीम का किरदार।।

उसकी मति एवं शक्ति का अगर मुझमें भी होता मिलाप।
लड्डुओं को रोज खाकर पाती मैं भी ताकत अमाप।।
घूमती यार-दोस्तों संग गाँव-गाँव नहर-नहर।
समस्याओं को सुलझा लेती यूँ ही हर बार।।

काश! प्रभु आप मुझे भी दे प्यारा सा इक वरदान।
जीवन का केवल इक दिन कर दूँ मैं, मेरे बचपन के नाम।।
छोटे भीम से जरा सी सुपर पावर उधार लेकर
बना लूंगी मैं भी सबके दिलों में अपना खास मक़ाम।।

पितृपक्ष की सार्थकता

उसूल पूर्वजों के थे उनके जीने की आधारशिला,
साथ-साथ आगे बढ़ने की अवगत थी उन्हें अनूठी कला,
बांधे रखते थे वो संपूर्ण परिवार को और हमारे
घर-आँगन में खिलखिलाती थी खुशियों की श्रृंखला।।

उन्हीं की कृपा से हम कर पाए सुंदर सृष्टि के दर्शन,
धर्म-कर्म सीखे और सीखा शुद्ध आचरण,
नम्रता का गुण विरासत में हमें दे गए और
उन्होंने ही सिखाया हमें करना आत्ममंथन।।

अग्नी, वायु, वरूण पंच महाभूतो संग
वही बनते है अपने कुल के संरक्षक,
सत्कार्य की राह पर जो है चलते हैं
उनके साथ सदैव रहतें वे बन "गंडक"।।

पितृपक्ष में हम सभी करते है पूर्वजों का आवाहन,
समृद्ध करने अपने मोक्ष के मार्ग को
मनोभाव से करते हम अन्नदान एवं तर्पण।।

फिर भी कहता है मन ये मेरा बारंबार!!
मात-पिता की सेवा है #पितृपक्ष की सार्थकता का आधार,
जिसने जीवनकाल में उनके मन को संभाला केवल
उसे ही है उनके मृत्यु के पश्चात श्राद्ध करने का अधिकार।।

तू मुझमें बहती है

नित नए विचारों से तू मेरे शब्दों में रोज सजती है।
तू गंगा जैसी अविरल धारा मेरे मन में बहती है।।

भाव समेटकर मन के छंद एवं अलंकार से तू निखरती है।
बांधकर स्वयं को लय में तू पंछियों सी मुक्त हो जाती है।।

कल-कल करती नदियाँ तुझमें ही समा जाती है।
समुंदर की गहराईयों को बस इक तू ही तो नाप लेती है।।

ऐ मेरी कविता!! तू मुझे मुझ सी ही अलग नजर आती है।
जो प्रवाह के साथ बहकर भी अपने अस्तित्व को प्यार से संजोकर रखती है।।

समय की धारा संग तू भी मेरे जहन में घुलती जाती है।
कभी मिलन का आनंद तो कभी विरह की व्यथा को लिखती है।।

प्रेम, त्याग, समर्पण, ममता सभी तुझमें ही तो एकत्रित होते हैं।
तभी तो, तू गंगा जैसी अविरल धारा मेरे मन में बहती रहती है।।

माँ भारती के लाल

सादगी की अनुपम छवि उनके
व्यक्तित्व पर सदैव रहती थी हावी,
साहस एवं धैर्य को आत्मसात कर लाल बहादुर शास्त्री जी
ने जगायी अपने मन में देशप्रेम की ज्योति।।

उच्च विचारों की पोटली समेत उन्होंने
देखा मनोरम ख्वाब माँ भारती की आजादी का,
अहिंसा की राह पर चलते हुए
कभी न छोड़े अपने आदर्श एवं नीति।।

जवानों को दी अनोखी सौगात,
किसानों के अधिकारों के लिए कर दिए एक दिन-रात,
गुलामी की बेडियों से मुक्ति पाने को
नम्रता संग गुहार लगायी समस्त संसृति।।

ख्वाहिश

दिल की घनी ख्वाहिश थी,
ऊँची इमारतों में रहने की,
पास जाकर देखा तो
ये बस खोखली दीवारें थी।।

सुनहरा जीवन तो
गाँव की गलियों में था,
जहाँ आजाद पंछियों संग
रिश्तों का भी बसेरा था।

शहर की इस चकाचौंध में,
न जाने हम कहीं खो गए?
काम की भागदौड़ में
अपनो संग बतियाना ही भूल गए।।

उब सा गया है जी अब,
इस दिखावटी जीवन से,
चाहता है अब ये भी,
लौटे फिर अपनों की भीड़ मे

शहरों की व्यथा

यहाँ है चकाचौंध एवं बेहिसाब रोशनियाँ।
यहाँ हवाएँ है प्रदूषित और ठहरी हुई है कुछ नदियाँ।।
चारों ओर गूँजती रहती यहाँ कर्कश आवाजें।
फिर भी क्यों भीड़ में भी चुपचाप लगती इन शहरों की गलियाँ?

यहाँ दिन-रात दोनों ही एक से बीतते हैं।
जहाँ देखो वहाँ लोग भागम-भाग करते रहते हैं।।
यारों के बीच सभी खूब ठहाके लगाते हैं, फिर भी
क्यों यहाँ सच्चे रिश्तों को खोजती सबके दिलों की गलियाँ?

यहाँ पराये लोग रहते इक-दूजे के संग है।
लेकिन, दिलों में हर समय छिडती अजीब सी जंग है।।
कोई दो निवालों के बिना भी चैन की नींद सोता है,
तो कोई भर पेट खाकर भी नींदों की राहें ताँकता है।।

यहाँ अनेकों ने मनपसंद जीवन को पाया है।
अपने सपनों को साकार किया है।।
फिर भी, इन शहरों की व्यथा कुछ निराली है क्योंकि इस
चकाचौंध में लोगों ने कई बार अपनों को भुलाया है।।

आस्था का दीपक

अपने हृदय में प्रज्ज्वलित कीजिए।
आस्था से परिपूर्ण सकारात्मक दीपक।।
हमारे मस्तिष्क में जो कभी पनपने न दें।
कुविचार एवं व्यर्थ चिंताओं के दीमक।।

दोगली, त्रासदी परंपराओं से सदैव रहिए असहमत।
सच्चाई की लौ को कभी न बुझने दिजिए मन के अंतर्गत।।
जीत जाएगी इक दिन आपकी आस्था जरूर,
जब जीवन में आप कर्मपथ पर चलेंगे अनवरत।।

सुनिए! मेरे साथियों!
प्रभु का अंश तो सृष्टि के कण-कण में स्थापित है।
फिर क्यों हमारा मन व्यर्थ के ढकोसलों से व्याप्त है?
"सच्चे मन से जो जनसेवा में जीवन को समर्पित करें!"
उसके लिए तो प्रभु स्वयं खोलते मोक्ष का द्वार है।।

सच्ची आस्था ही बने थके मन का आधार।
आस्था ही सिखाए हमें संयम एवं सदाचार।।
जब-जब मन में हमारे उत्पन्न होती द्वंद्व की स्थिति,
आस्था ही बढ़ाती हमारी हिम्मत बारंबार।।

आसान नहीं होता

आसान नहीं होता रिश्तों को संवारना,
चंदन के समान मिटना जो पड़ता है,
अपने प्यार की गरमाहट से
परायी मिट्टी को अपनाना पड़ता है।।

आसान नहीं होता रिश्तों को निभाना
कड़वे शब्दों के घावों को सहना जो होता हैं।
दिल के दर्द को दिल में छुपाकर
मीठी बोली को अपनाना जो पड़ता है।।

आसान नहीं होता रिश्तों को न्याय देना;
मायके के रिश्तों को पीछे रखकर
ससुराल के नए रिश्तों को
संजोकर रखना पड़ता हैं।।

सच में कठिन होता है,
रिश्तों को सहजकर रखना क्योंकि,
रिश्तों में अपनेपन का सच्चा
मतलब समझना बेहद जरूरी होता है।।

प्रेम तुम्हारा

सच्चे प्रेम की न कोई परिभाषा,
सच्चे प्रेम की न कोई अभिलाषा,
छू जायें जो कोई "मन" को तो और
न भाये कुछ "दिल" को जरासा।।

नापें जो कोई दिल की गहराई को
भापें जो कोई उन एहसासों को,
ऐसा जो मिल जाए कहीं तो
न भाये कुछ "नैनों" को जरासा।।

विश्वास न था कभी ये
"इशक" भी इतना खूबसूरत है कि
इक दिन न मिले हम तो
जीवन लगने लगे "विरान सा"।।

दिल में तो अब बस गयी
"तस्वीर" सिर्फ आपकी
चाहे कोई कुछ भी कर ले
मिटा न सके वो "चित्र" प्रेम का।।

प्रेम तुम्हारा मेरे जीने की आशा,
बिन आपके तो जीवन "जल बिन मछली सा",
छू लिया इस कदर रुह को
कि बिन देखे आपको मरना भी न हो गवारा।।

प्रदूषण एक समस्या

निर्मल जल एवं शुद्ध वायु
है सृष्टि का अनमोल उपहार
कर दूषित इन्हें हम सब
क्यों हो रहे हैं बरबाद?

अशुद्ध हवा से सांसे भी
जल्दी थक जाये,
पीकर दूषित जल
सब व्याधियों के चपेट में आये।।

जाने जब हम सब ये बातें "ज्ञान" की
तो क्यों कोई उपाय न करें??
चलो हम सब साथ मिल कर
प्रकृति को "प्रदूषण" से बचाए।।

दोस्त या दुश्मन

हम वो है जिन्होंने न पहचाना
अपने कुछ कमीने दोस्तों को,
जलन की वजह से आज उन्होंने
खो दिया हमारे दिल से उनके वजूद को।।

दोस्ती क्या हैं ये
शायद वो कभी समझ ही न सके,
जिंदगी की सच्चाई को पहचान न सके,
मुट्ठी भर झूठी अफवाओं की वजह से,
आज पूरी तरह से हमारे दिल से उतर गये।

अच्छा ही हुआ जो हम उनसे दूर हुए,
चेहरों से झूठे नकाब उतर गये,
क्योंकि दोस्तों के रूप में तो
हमने हमारे दुश्मन पा लिए।।

किसान की व्यथा

बेमौसम बारिश एक ऐसे बिन बुलाये
मेहमान की तरह होती है, जिसका न तो
गर्मजोशी से स्वागत किया जा सकता है
और
न ही उसे दरवाजे से लौटाया जा सकता है।
यह मजाक का विषय नहीं है,
जो फसलें अभी तक तैयार नहीं थी,
वो भी बरबाद हो रहीं है,
किसान भाईयों की मेहनत पानी में जा रहीं हैं,
हे भगवान,
क्या हमारे अन्नदाता के नसीब में केवल
दु:ख ही लिखा है?

भारतीय संविधान

जिसमें तेरा हित है,
जिसमें मेरा हित है,
ए इन्सां, "भारतीय संविधान" तो
मानवता की अमूल्य भेंट हैं।।

न कोई श्रेष्ठ न कोई कनिष्ठ
धर्मनिरपेक्षता के संग
ये तो हमारे लिए
समता की भेंट हैं।।

न्याय की ये तो है मिसाल
इसमें बंधुता का पाठ बेमिसाल,
हम इन्सानों को जोड़ने का
ये रास्ता बड़ा ही "नेक" है।।
चले जब हम मानव एक साथ
तो उन्नति की ओर देश करें प्रस्थान,
देश की अखंड एकता में
डा. बाबा साहेब आंबेडकर जी का
ये है महत्त्वपूर्ण योगदान।।

शब्दों के भाव

कल अचानक इक पुरानी
सहेली से मुलाकात हुई,
देख कर सालों बाद उसे
हमें बहुत खुशी मिली।।

बचपन की बातें जैसे ही
शुरू की हमने वैसे तुरंत,
अपने दिल में दबायी बात
हमसे पूछ ही ली उसने।।

"गणित और विज्ञान" से तो
घिरी थी तुम्हारी जिंदगानी,
फिर ये लेख और रचनाओं में
कैसे हो गयी आज रवानगी?

मैंने भी हँसकर जवाब दिया
गणित और विज्ञान तो आज भी
हम अच्छे से समझते हैं, किंतु
"शब्दों" के भाव तो सदा
हमारे नस-नस से बहते हैं।।

लाख कोशिशें कर ली हमने,
खुद को रचनाओं से दूर रखने की,
लेकिन दिल ने भी कला सीख ही ली
"दिमाग" की बातों को अनदेखा करने की।।

साहिब

हमें ना तो कभी "दौलत" रास आयी,
हमें ना तो कभी "शोहरत" रास आयी,
जिस पल उनसे मोहब्बत हुई बस
उसी पल हमारी किस्मत चमक गयी।।

अजनबी बनकर आये थे जनाब
न जाने कब हमारी पहचान बन गये?
रिश्ता ना था कोई हमारा
फिर कैसे हमारी "जान" बन गए??

जिस पल उन्होंने हमारे रूह को
"प्यार" की खुशबू से महका दिया,
शायद उसी खूबसूरत पल साहिब ने
हमारे दिल पर भी कब्जा कर लिया।।

पानी का मूल्य

देखा फिर से आज दूर से
हरे खेतों में इक कुएँ को,
बिसरी बातों में खो कर
याद किया सुहाने बचपन को।।

कैसे माँ संग पैदल चल कर
मटके में जल भर लाते थे?
तभी तो "पानी" का मूल्य
अच्छे से समझते थे।।

जो आज हर घर में
चारों प्रहर है जल उपलब्ध,
तो मनमर्जी उसकी बरबादी करते और
"जलसंचय" का पाठ भी न जानते।।

यहीं तो हैं हम इन्सानों की फितरत,
जो हैं कठिन उसकी ज्यादा कीमत,
जो आसानी से मिल जाये
उसको न दे जरा सी भी "अहमियत"।।

शिक्षा जीवन का आधार

अक्षर अक्षर बुनकर बनें
शब्दों की खूबसूरत माला,
उन्हीं शब्दों की माला से
सजे "किताब" का हर पन्ना।।

पढ़ें जो हम हर पन्ना
तो भरे 'ज्ञान' का पैमाना।
पैमाना जो छलके तो
खुले "शिक्षा प्राप्ति" का रास्ता।।

शिक्षा न हो जीवन में
तो रहेंगे सब अनपढ़ गंवार।
धन-दौलत तो आती-जाती रहेगी,
पढाई से मन में सदा चहकेगी
"आत्मविश्वास" की बहार।।

केवल किताबों से मिली शिक्षा
काम न आये हर बार,
अनुभवों से सिखा ज्ञान भी
जीवन में लाये "खूबसूरत" निखार।।

मनमर्जी

हमने बस यही काम किया
लड़े विपरीत परिस्थिति से,
जीते अपनी इच्छाशक्ति से
फिर हँसे अपनी "मर्जी" से।।

वन के फूलों का स्थान
भगवान की माला में नहीं होता।
इतना सा सच समझते ही
जीना सीखा हमने "खुदगर्जी" से।।

हम आईना किसी के मन का
हम खूबसूरत नूर किसी की नजरों का।
जिसने जैसा पहचाना हमें
वैसे ही दिखे उसकी "अर्जी" से।।

पंक्तियों के लिए ही जन्म हमारा।
रचनाओं में ही शायद हो अंत हमारा।
इसीलिए केवल लगे आज
ईश्वर ने निखारा हमें उसकी "मनमर्जी" से।।

शरद का चाँद

झुकाये नजरों को चाँदनी संग
वो धीरे से रोशन हो रहा था।
परदे की आढ़ से आज
"शरद का चाँद" शरमा रहा था।।

हम ठहर से गये और
उस इक पल में लगा,
शायद फ़लक़ से जमीं पर
वह नीचे उतर रहा था।।

पानी में खुद को निहारना,
उसका तो रोज का था,
फिर भी न जाने क्यों आज
वह कयामत ढ़ा रहा था।।

निहार उसकी इस अदा को
नयन हमारे सुख पा गये।
और जैसे नहायें उसकी चाँदनी में
रहे ना खुद के हम दोनों।।

प्रतिभा के रंग

हम सब में होती इक अलग "प्रतिभा",
जिससे तृप्त होती, मन की हर "आभा"!!
प्यारा रंग 'प्रकृति के निर्माण' का,
तो दुलारा रंग "गृह के उत्थान" का
दोनों जब घुल जाए तब
जन्म हो "वात्सल्यपूर्ण गृहिणी" का!
घना रंग "कर्तव्य" का और
कुटुंब की भलाई का
दोनों जब साथ निभाए तो
जन्म हो "कर्तव्यनिष्ठ पिता" का!!
इक रंग "निरंतर शिक्षा" का
दूजा "समृद्ध लेखन" का
मिल जाए जब दोनों
तो जन्म हो "साहित्य" का!! रंग
गहरा रंग "बुद्धि" का
और नई "तकनीक" का,
चढ़ जाए जब दोनों
तब जन्म हो "रचनात्मक दुनिया" का!
ऐसे न जाने कितने रंग
हम अपने भीतर संजोए!!
लेकर 'कुंचला' हाथ फिर
"प्रतिभा" के रंग को सजाए!!

क्या हैं किताबें

क्या दिया किताबों ने?
सारे यही पूछते रहते!!
आप तो हैं बड़े बावले,
सारे यही कहते!!

कैसे उन्हें बतायें कि
उन्होंने कराया हमें
खुद के होने का एहसास,
और दिया जीने का नया प्रयास!!

"निरंतर पढना" है जैसे
ख्वाबों का हसीन गुलिस्ताँ,
"ज्ञान की अनमोल वृद्धि" का
बड़ा ही खूबसूरत सा रास्ता!!!

कैसे हम समझाएँ उन्हें?
कितना हैं इनसे प्यार?
खुशहाल जीवन जीने का
ये भी हैं इक जरिया अपार!!

पढ़ने वालों की मति,
हमेशा देती उनको गति,
किताबें भी बन सकती हैं,
हमारे जीवन की "सारथी"!!

कठघरा

कितनी आसानी से सबने आज
हमें कठघरे में खड़ा कर दिया,
ये भी न बताया कि
हमने गुनाह क्या किया?

कभी प्यार से पूछते,
तो बता देते सबको कि
जिंदगी ने कुछ इस तरह
इम्तिहान लिया कि
दांव पर लगा था पूरा जहां हमारा।।

बस इतना सा है हमारा कसूर,
सदा रहते हम आदत से मजबूर।।
सुख सबके साथ बाँटते लेकिन
दुख दिल में संभालकर रखते हुजूर।।

कैसे समझाये सबको कि
आदतें ना छूटती जिंदगी भर
क्योंकि किसी अपने के आंखों में
आँसू देखना हमें कभी ना होगा मंजूर।।

मनमोहक भोर

क्यों न संभाल कर रखूं मैं
आज की ये मनमोहक भोर?
सूरज की सुनहरी किरणें
आकर्षित हो रही धरती की ओर।।

किरणों और धरती के मिलन का
देख यह विहंगम चित्र,
मन में उठे तरंग और
निश्चल सुख पाये नेत्र।।

ऐसी सुंदर नयी सुबह
देती हमें नयी उम्मीद,
और जगाये मन में फिर
कुछ कर दिखाने की अनोखी ज़िद।।

होली का त्यौहार

फागुन की देखो! चली अल्लहड बयार।
हर जगह हुयी विभिन्न रंगों की बौछार।।
होली के अवसर पर मन में उठी तरंगे हजार।
कान्हा और रघुराई भी हुए होली खेलने को तैय्यार।।

खिल उठा सिया का मुखमंडल।
जब रघुवर ने छेड़े मन के तार।।
शरमाकर हुए उसके गाल लाल।
जब रंगों संग चले नयनों के बाण।।

यहां कान्हा के ह्रदय की थी वहीं दशा।
ब्रज की गलियों में ढूंढ़े राधे को चहूं दिशा।।
ढोलक की थाप पर जो बजी राधा के पायल की झंकार।
झूम उठा रोम रोम और प्रफुल्लित हो उठी ब्रज की गली-चौबार।।

प्रकृति भी मुस्कुरायी है खिलकर आज।
जब अंबर से बरसे गुलाल संग प्यार।।
मंत्रमुग्ध हो गए सभी ब्रज और अवध के वासी।
आया जो मनभावन होली का त्यौहार।।

हे नारायणी !

मेरे शब्दों के सारे भाव आज तुम पर न्योछावर कर दूं।
हे नारायणी! तुम्हारे हर किरदार को मैं आज उजागर कर दूं।।

मायके के ऑगन में दिनभर तुम चहचहाती।
अपने माँ–बाप की लाडली शहज़ादी जो कहलाती।।

संस्कारों की धरोहर संग तंत्रज्ञान को भी आत्मसात करती।
कामकाजी होकर भी अपनी जिम्मेदारियों को बखूबी निभाती।।

तुम ही हो माता ममतामयी, तुम ही हो कर्तव्यदक्ष गृहिणी।
परिवार के खुशियों की चाबी तुम्हारे हाथों में ही रहती।।

जब भी कोई संकट आये, सबकी ढाल तुम बन जाती।
संसार की डोर को कसकर अपने हाथों में थामे रखती।।

प्रेम एवं ममता की साक्षात मूरत तुम मनोहारी।
कर्तव्य पथ पर निरंतर तुम चलती ही जाती।।

कठिनाइयों का भी तुम दंटकर सामना करती।
तभी मेरी सखी!
तुम सबके ह्रदय पर महारानी बनकर राज करती।।

अक्षुण्ण

कलयुग की सुशिक्षित नारी है हम।
फिर भी परंपराओं को निभाती है हम।।
चाहें करवाचौथ हों या वटसावित्री का व्रत,
पति के लंबी आयु की कामना करती है हम।।

ये दुनिया चाहें कुछ भी कहें,
हमार प्रेम को प्रकट करने की यहीं भाषा है।
अक्षुण्ण रहें रिश्ता हम दोनों का
एकमेव यहीं मन की अभिलाषा है।।

अविश्वास के बीज को जड़ से खत्म कर देना है।
पवित्र प्रेम की गंगा में आखिरी साँसों तक बहना है।।
शिव-पार्वती सा जनम जनम तक इक दूजे में खो कर
इस रिश्ते में ही हमें समूचा संसार पाना है।।

पवित्र महाकुम्भ

भारतीय संस्कृति की सबसे अलग है पहचान।
विविध धर्मों के यहाँ पर्व भी बडे महान।

अपनों संग मिलजुल कर समय बीताने का बनते का यह कारण है खास।
आती है जिनसे सबके ह्रदयों में प्रेम की उजास।।

बारह सालों में इक बार लगता है कुंभ मेला संगम तट।
आस्था के इस पर्व पर भक्तिभाव से भर जाता भाविकों के मन।।

समुद्र मंथन से निकला अमृत का कलश।
छिना-झपटी हुयी दैत्यों से और बूँदे छलकी चार प्रदेश।।

पौष पूर्णिमा के दिवस आस्था के पर्व का हुआ शुभारंभ।
महाशिवरात्रि पर समाप्त हुआ ये त्यौहार मनभावन।।
सभी साधुओं ने दिया यहाँ अध्यात्मिक ज्ञान।
मिटाने मन से कुविचार, सबने किया कुम्भ स्नान।।

कल्पावास-सत्संग सहित जन जन के मन में जला सद्विचारों का दीपक।
सत्कर्मों को मिला उनका गंतव्य स्थान पहुँचकर ईश्वर के ह्रदय के इतने समीप।।

नीलकंठ

सृष्टि के निर्माण के शिव आदिस्त्रोत।
सनातन संस्कृति के प्रमुख देवों के देव देवाधिदेव महादेव।।

सर्वशक्तिमान, कल्याणकारी, निर्गुण प्रभु सर्वविद्यमान।
जो लय और प्रलय दोनों को रखते अपने अधीन।।

कालकूट विष से तीनों लोकों में पसरा अंधकार।
जब भगवान विष्णु ने करवाया समुद्र मंथन।।

भयभीत देवताओं ने आदियोगी शिव को मन से पुकारा।
तुरंत, प्रभु ने निकले विष को कंठ में किया धारण।।

चिंतित हुयी जब माँ पार्वती, बाँध दिया प्रभु ने विष को वासुकि नाग संग।
धारण किया उसे गले में, नीला पड गया उनका कंठ।।

समुद्र की गहराई एवं व्योम के विशाल विस्तार का प्रतिक ये नीला रंग।
जिसका सनातन हिंदू धर्म में बेहद खास महत्त्व।।

स्वयंभू शिव को तबसे कहने लगें समस्त जीव “नीलकंठ”।
“हर हर महादेव” के जाप से गूँजा सृष्टि का कण कण।।

फागुन का गीत

फागुन की सौगातों में प्रकृति मुस्कुरायी है।।
रविकिरणें ओस के मोतियों का श्रुंगार कर रहीं हैं।
कोयल के संगीत की गूँज से हृदय में
मधुर धुन बजी है।
देख! आम्रमंजिरी को नन्हों की जिव्हा भी ललचायी है।।

फागुनी बयार क्या चली! देखो,
पहाड़ों में तिनसा के फूलों को नयी जिंदगी मिली है।
धरा का कण कण भांग सी मदहोशी में डूबा और
अधरों को मेरे मुस्कुराने की वजह मिली है।।

हम दोनों के मन भी उमड रहां हैं प्यार
भँवरों की गुंजार में घुल गयी मेरे घुंगरूओं की झंकार।।
गुलाल संग जो चलें फिर से नैनों के तेज बाण,
प्रेमरंग में रंगकर जुड गए हमारे हृदयों के तार।।

झूम उठी है आज वसुंधरा उपर झूम रहा है वो अंबर।
प्रकृति के रंगों ने किया सब पर गहरा असर।।
तरोताज़ा कर गयी मन को ये फगुनी बयार।
बोली! तैय्यार हो जा सखी! अब आ रहा हैं रंगों को प्यारा त्यौहार।।
लाल, पीला, हरा, नीला सब रंग हो गए एक आज।
होली के स्वागत में प्रकृति ने किया खुशियों का आगाज़।।
श्यामरंग में रंगने को राधा का मन भी हुआ बेकरार।
देखो! खुशियों की बहार लायी है ये फगुनी बयार।।

ख्वाहिशों का झूला

आज फिर से ख्वाहिशों के झूले पर हुयी मैं सवार।
मन में उठी हजारो तरंगे, जो स्वयं से हुआ प्यार।।

चाँद की रोशनी ने दिया मुझे शीतलता का उपहार।
नहाकर उसकी चाँदनी में मेरी भी रंगत में आया निखार।।

शब्दों में सजाए मैनें अनगिनत, सुंदर भाव।
ऐसे आसमां की ओर वो ले गए मुझे जिसका ना कोई छोर।।

दिखा इक सितारा वहाँ जो बरसा रहां था नूर।।
मजबूत इरादोंवाला "ध्रुवतारा" था वो शूर।।

बोला! सुन मेरी प्यारी सखी!
तू भी है इस सृष्टि का प्रमुख आधार।।
शिक्षित होकर करना तुम जगत का उद्धार।।
मुक्त संचार करना उँचाईयों के शिखर पर।
बन जाना अपने जीवन की उत्तम कथाकार।।

उफ़्फ ये परीक्षा

रातों की नींदों से कर ली है मैनें लडाई।
उफ़्फ ये परीक्षा! सिर पर जो आयी।।

किताबों में सिमटकर दुनिया रह गयी है मेरी।
गणित-विज्ञान को समझते हुए नानी की याद आयी।।

भूख, प्यास से आजकल मैनें ही कट्टी कर ली।
सो भी जाऊँ जरा अगर, उसमें भी अंकों के सपने देखने लगी।।

सूत्र-गुणसूत्रों के चक्कर में आज जिंदगी चक्रव्यूह में फँस गयी।
उफ्फ ये परीक्षा! मेरे सब्र का इम्तिहान है ले रहीं।।

जब जब आवाज लगाती मुझे यारों की टोली,
अनदेखा कर उन्हें केवल लक्ष्य पर मैनें नजर है रखी।।

जीतने की होड़ में न रहां अपनों का एहसास।
दिल की धडकने बढने लगी जैसे परीक्षा आयी पास।।

घबराहट, बेचैनी ने जब जब मुझे घेर लिया,
माँ के अल्फ़ाज़ों ने इस चक्रव्यूह को तोडने का हुनर सीखाया।।

निरंतर मेहनत एवं योग्य नियोजन कर मैनें पढाई से जो दोस्ती कर ली।
परीक्षा की घबराहट चुटकियों में जैसे छुमंतर हो गयी।।

नारी उत्थान - जग कल्याण

विभिन्न भावों का सुंदर मिलाप हैं नारी का अंतरमन।
उसका मोहक रूप है प्रभु की अलौकिक रचना का उत्तम उदाहरण।।
मानवजाति के उत्पत्ति की महत्त्वपूर्ण आधारशिला है वो,
फिर भी क्यों झेलनी पडती उसे अवहेलना बारी-बारी??

बुद्धि एवं शक्ति का अद्भुत मेल है नारी।
प्रत्येक गृह का प्रमुख आधार है नारी।।
प्रेमपूर्वक वो जब ध्यान रखें परिवार का
घर के कोने कोने में खिलें हँसी की फुलवारी।।

माँ सरस्वती, लक्ष्मी, अन्नपूर्णा की वो साक्षात छवि।
जगत कल्याण में नारी का उत्थान है बेहद जरूरी।।
शिक्षा एवं रोजगार का उसे भी है पूर्ण अधिकार क्योंकि
सँभालनी है उसे ही नयी पीढी के सृजनकारों के भविष्य की डोरी।।

कुप्रथाओं में न जखडे रखों उसे!
फैलाने दो खुलकर अपने पंख उसे!
कंधे से कंधा मिलाकर जब एक साथ उँची उडान भरेंगे नर-नारी।
कोई न रोक पाएगा राष्ट्र की सामाजिक एवं आर्थिक उन्नति।।

तेरा मेरा रिश्ता

बहुत ही अद्भुत रिश्ता है तेरा और मेरा,
न तो शामिल मैं तेरे अपनों में हूँ न गैरों में..!

तुम्हें देखा तो दिल को करार आया मेरे,
ना इक पल भाया कभी तुझसे दूर रहना मुझे....!

लफ़्ज़ों में तेरे अपने मक़ाम को कभी ना पाया मैनें,
फिर भी तुझ पर दिल-ओ-जान लुटाया है मैनें...!

हर कोई ना लुभा पाया है इस दिल को प्रिये!
इक तुझे ही मेरे दिल पर राज करना है आया है प्रिये....!

जब भी याद किया हैं तुम्हे!
ऑसूओं से पलकों का श्रुंगार हुआ है मेरे.....
सुन लें मेरी प्यारी सखी!
इतना ज़्यादा नर्म दिल आजतक किसी के लिए रखा ना मैनें.....!!

फागुन आयो रे

पलाश के फूलों ने रंगत बदल दी।
धरती के कण कण में मदहोशी फैली।।
विभिन्न रंगों से प्रकृति आज निखरी।
"फागुन आयो रे" दिशाएँ झूमकर कह रहीं।।

शीत की वो लंबी लंबी रातें ढलने लगी।
ओस की बूँदे रविकिरणों में चमक रहीं।।
उस पर पंछियों ने सबको खबर सुनायी।
झूमों साथियो ! मनभावन होली है आयी।।

धरती से अंबर तक खुशी की लहर दौडायी।
प्रेमियों के मन में मिलन की आस जगी।।
सबके सिर चढी भांग की खुमारी।
फागुन के रूत की बात ही बडी निराली।।

बागों में आम्र मंजिरी की महक पसरायी।
बसंती रंग से फसलें भी नहायी।।
हृदय में पियाजी ने यूँ प्रीत जगायी, देखो !
फागुन की ये बयार हमारे प्रेम को भी रंगीन बना गयी।।

गुरुदेव रवीन्द्रनाथ टैगोर

बांग्ला साहित्य में दिया अपना महत्वपूर्ण योगदान।
ारतीय सांस्कृतिक चेतना में डाली नयी जान।।
दो देशों का जिन्होंने न्होंने रचा मधुर राष्ट्रगान,
"गुरुदेव रवीन्द्रनाथ टैगोर" थे दार्शनिक साहित्यकार महान।।

बचपन से आत्मसात किया उन्होंने छन्द एवं भाषा का ज्ञान।
आठ वर्ष की आयु में कराया सबको अद्भुत प्रतिभा का आभास।।
"गीतांजलि" से लेकर "गीतिमाल्य" तक अनोखा रहा उनका प्रवास।
"हिंदुस्तानी शास्त्रीय संगीत" में भी रुचि थी उन्हें खास।।

कविताओं से उजागर होता है प्रकृति के प्रति उनका जुड़ाव।
रचनाओं में लिखा उन्होंने उपनिषद का परिलक्षित भाव।।
आजीवन संभालकर रखा अनगिनत शब्दों का भंडार।
जिनसे अलंकृत होकर रचनाओं में आता नया निखार।।

विभिन्न विषयों पर लिखने का रहता था उनका प्रयास।
सुंदर चित्रकारी कर जगाते मन में नव उल्लास।।
सिर पर सजा जो गुरु जी के नोबेल पुरस्कार का ताज।
"गुरुदेव रवीन्द्रनाथ टैगोर" जन जन के मन पर छोड़ गए अपने व्यक्तित्व की अमिट छाप।।

सुविचार

01

तसव्वुर में मेरे जब
तेरे ही ख्याल आए,
इंतजार के दो पल भी तब
बरसों में बदल जाए।।

मेरी आंखें भी आज तुम्हारे
दीदार को बेकरार हो रहीं,
आजा ऐ मेरे सनम! अब इन
धड़कनों की रफ्तार है बढ़ रहीं।

ये शाम मस्तानी...

02

मैंने तुम्हें है दिल से चुना
धड़कनों को तेरी धीमे से सुना,
तुमसे ही की बातें प्यार की
तुमको ही मैंने है दिलबर चुना।।

तुझे पाया तो ये समझे सनम,
तुम बिन कितने अधूरे थे हम,
सर आंखो पर बिठाकर तुम्हें
जीवन को प्रेम से भर देंगें हम।।

03

तू मेरा हौसला है, तू ही मेरी जीत है,
मुश्किलों के दौर में तू ही जिंदगी है।
दुनिया की शिकायतों की मुझे न कुछ पड़ी है।
निगाहों में तेरी, मेरी तस्वीर जो पढ़ी है।

कह रहा ये जमाना! कठिन ये डगर है,
उन्हें क्या पता कि संग मेरा हमसफर है।
दिल में अब अंधेरों की नहीं कोई जगह है,
तेरे संग हुई इस जिंदगी की फ़तह है।।

04

पंछियों के नशेमन को तू इक बार गौर से देख लें!
तिनका-तिनका उनके मेहनत की गवाही देता है।
चाहे कितने भी आए आँधी यां तूफान,
उनके बुलंद हौसलों को कोई न तोड़ पाता है।।

05

मन की शांति को पाने के लिए
आवश्यक है करना दान-धर्म, पुण्य-कर्म।
मोक्ष के द्वार तक पहुँचने का
यही है सबसे उत्तम एवं सुखद मार्ग।।

06

तुम मिले हो जब से मुझे,
ये जिंदगी मुस्कुराने लगी।
ज़रें-ज़रें में प्यार की ख़ुशबू बिखरी,
जब से ये साँसे तुम्हारे नाम हो गयी।।

07

कागज की स्याही के दाग अब सूख चुके हैं,
मेरी गज़ल के कुछ शेर
आज जान-बूझकर रुठ चुके है,
मासूम इन बच्चों को देखा तो लगा
पापी पेट के आगे आज शिक्षा पराजित हैं।

ये नन्हें क्या जाने "हठ" का मतलब
इनके लिए तो "दो निवालों" के लिए लड़ना
ही शायद जीवनरुपी पाठशाला में सीखा
सबसे कठिन सबक है।

08

बंद मुट्ठी में रखी रेत भी
धीरे-धीरे फिसल जाती है,
जिंदगी में "समय" की अहमियत भी
सबसे खास होती है,
जिसने इसके संग चलकर
स्वयं को निखारना सिखा, समझो!
उसके लिए "जीत की राहें" भी
काटों से फूल बन जाती है।।

09

ढलती शाम "एक श्वेत पुष्प"
समुंदर की लहरों से कुछ यूँ
बातें कर रहा था कि
जैसे सदा के लिए खुद को उसमें
समा लेने की फरियाद कर रहा था।

10

सिर्फ पैसों से पूरे किए गए सपने मृत्यु तक
इन्सान का साथ निभाते है लेकिन,
मेहनत के दम पर पूरे किए गए ख्वाब
इतिहास के पन्नों पर सजते है।

11

जानती हूँ!
शब्दों की ताकत अनगिनत है
किंतु न जाने क्यों?
"माँ-बाप" के दिए दुलार पर
लिखते हुए ही ये कम पड़ जाते है।
जब तक दोनों ने हाथ मेरा थामा है,
दुनियाभर के संकट
मेरे पास आने से भी डरते हैं।

12

जब से जुडा है मेरे नाम के साथ तेरा नाम,
सच कहते है तब से
खूबसूरत हो गया है ये जहान,
सारी तकलीफे जैसे हो गयी है खत्म और
लग रहा है ये जीवन "ईश्वर" का वरदान।।

13

इसे "नक़ाब" न समझिए जनाब,
ये हम दोनों का अब "हुनर" बन चुका है,
गैरों की बुरी "नसीहतों" से बचने का
ये खास "जरिया" बन चुका हैं।

शुरू कर दिया है अब "बदलना"
हम दोनों ने सिर्फ अपने लिए,
साथ साथ जिंदगी के कुछ पल
अपनी मर्जी से जीने के लिए।।

14

यूँ तो हम कई बातें कर लेते हैं सबसे किंतु
"मन की बात" न कह पाते कभी किसी से,
अब ये हमारी "फ़ितरत" है कि
गैरों पर विश्वास की कमी पता नहीं?
किंतु जो भी है लगता हमें कि
इसमें हमारे "दिल की भलाई" है।

15

किसी "काव्य" को पढ़ना जितना आसान है,
उससे कई ज्यादा मुश्किल उसके "आशय"
को समझना है।

"शब्दों की माला" बुनना मतलब दिल
में छिपे जज्बातों को अपने सुंदर अल्फाजों
से सजाना।

मेरे ख्याल से जिन्हें ये सारी बातें
समझती हैं, सिर्फ वहीं "कविताओं के समुंदर"
में हसतें हसतें डूबना चाहते हैं और उसकी
"मार्मिक गहराई" को दिल से पढ़ना चाहते है।

16

ईश्वर जो न पहुँच पाते हर जगह
तो "माँ" ही बन जाती उनका स्वरूप है,
इक वहीं तो है जिसके बिन
हम सबका जीवन सदा "निरूप" है।

17

छुपाकर "गमों" को झूठी मुस्कान से,
हमने भी अब जीना सीख लिया है,
कंबख्त ये आंख ही है
जो वक्त बेवक्त छलककर उनका
तमाशा बना देती है।

18

कड़कती धूप में कभी न ऐसी बारिश हुई थी,
वीरान इस दिल में कभी न यूँ चाहत खिली थी
क्या ये तुम्हारे "इश्क' का असर है साहिब?
जो आज दिल की सर-ज़मीन पर
बेमौसम प्यार की कुछ बूँदे गिरी और
दो दिलों को इक-दूजे में खोने के लिए
फिर से आज मजबूर कर गयी।

19

देखो जरा इन नन्हों को
इन्हें न कोई शिकवा, न किसी से गिला,
फिर भी चेहरे पर सूकून का नूर है खिला।
और इक हम बड़े है
जो बात बात पें रूठ जाया करते है,
जरा सी बातों को दिल को लगाया करते है।

20

दुनिया ने था ठुकराया उसे,
अपनों ने ही अंदर से झंझोडा उसे,
कितने सितम ढाये फिर भी
कम न कर सके उसकी "सच्चाई का नूर"।।
हाँ! वो है,
हम सभी में चुपा हुआ,
कभी न हारने वाला आसमान का
सबसे सुंदर सितारा
नाम है जिसका "अटल ध्रुव तारा"।।

21

जीवन में सच और शांति के साथ
कोई कार्य करना जितना मुश्किल है,
उतना ही कठिन "गौतम बुद्ध" के
सात्विक विचारों को आचरण में लाना है।
अगर हम जरा भी उनके
दिखाए मार्ग पर चलें तो,
समझो अपने अंतरआत्मा को
दया और सात्विकता से भर दे।

22

एक दूजे के जज्बातों की कद्र
जुबा पे सिर्फ दोनों का ही ज़िक्र,
दिल में ढेर सारा प्रेम और
आंखों में इक दूजे की तस्वीर ताउम्र
शायद, यही सब है जो
हम दोनों को सीखा गया जीना बेफिक्र।।

23

मैं! तडप रहा था भूख से "माँ",
जरा भी न आया तरस उन्हें,
जिन्हें भगवान ने सबकुछ दिया
फिर भी वे "बची रोटी" को कचरे में फेंक गये।
अपनी इस आदत से आज वे
अपने स्वभाव का दोगलापन दिखा गए
इन्सान होते हुए भी क्या
"इन्सानियत" को शर्मिंदा न कर गये?

24

ढूँढ़ने मुझे दुनिया की भीड़ में तू
अपना वक्त न अब जाया कर,
खो गयी हैं वो राहें पुरानी सारी,
उन राहों पर अपनी आंखें
यूँ नम न किया कर,
कई जज्बात दफ्न हो गये आज
अपनों की ही बेरूखी में, बस
तू अब हमसें जिंदगी में पीछे
मुड़कर देखने की गुजारिश न कभी कर।।

25

ये तनहाइयाँ इतनी भी बुरी कहाँ होती है?
मेरे भीतर छुपे इन्सान को
वो मुझसे जो रूबरू कराती है,
कभी इन पहाड़ों से तो
कभी चंचल हवाओं से
ये चुपचाप गुफ्तुगू करना मुझे सिखाती है!
अजी! ये तनहाइयाँ
इतनी भी बुरी भी नहीं होती है!

26

ढ़लती उम्र की शाम को यारों
कभी इक दूजे से मिला करो,
कुछ नगमें, कुछ किस्से
सबके साथ बांटा करो,
समुंदर का किनारा ये जो रंगीन हो रहा है
इन डूबते सूरज की किरणों से, बस वैसे ही
अपने दिलों को दोस्तों के यारियों से
कभी-कभी रोशन भी कर लिया करो।।

27

मैं भी कितनी पागल थी, इरादे पक्के थे
किंतु निंदकों की बातों से घायल थी,
साहिब ने हाथ थाम कर हौसला क्या बढ़ाया,
बस उनके दिखाए रास्तों पर कदम बढ़ाती गयी
और अपनी ही मंजिल से आज रूबरू हो गयी।।

28

कमल पर विराज माता
भरे "ज्ञान" की गागर,
विद्या, संगीत, संस्कार
से परिपूर्ण बनाये और
तृप्त करें मन का "सागर"।।

जो शुद्ध है वहीं सात्विक हैं
सिखाए "माँ" हमें हर क्षण,
वाणी पर जो नियंत्रण रखे,
वही सब के दिल में पाये
आदर और सम्मान का स्थान।।

29

श्रीकृष्ण ज्ञान
कुरुक्षेत्र है इक "रणभूमी"
न कर तू "दया" जरा भी,
अन्याय के मार्ग को अपनाये जो,
न कर उसे तू "क्षमा" कदापि।।

मानवता के प्रति सदा रहे हम सतर्क,
मित्र, परिवार के साथ खडे रहें
जब वो हो "यथार्थ",
न सुधरे और दुष्कर्म करे कोई जो बार-बार,
उसे दंड देने का है हम सबको अधिकार।।

30

पहली मुलाकात के हसीन किस्से ने
आलम यूँ बदल दिया मेरे दिल का कि
मेरी धड़कने भी दिवानेपन में
गाने लगी सुर साहिब का।।

31

तसव्वुर में मेरे तेरे ही प्रेम का मेला है,
कभी मिठास से भरी यादों का तो
कभी अल्हड़ बहानों का सिलसिला है,
मिल कर कभी हँस भी दोगी प्यार से अगर तो
लगेगा हमें जैसे गुजरती जिंदगी की धूप में
मिला कोई साया सा है।

32

मेरे हाथों में सजा ये फूलों का कंगन
तुम्हारा दिया बेशकिमती उपहार है,
बरसात की बूँदों में घुलकर
मेरी आंखों से छलका
तुम्हारा इज़हार-ए-इश्क़ है।

33

कंधों पर होता जिनके जिम्मेदारी का भार,
जिनकी नजरें कभी न देखना चाहती है
अपने बच्चों की हीर,
दुनियाभर के दुख सहकर भी
जो सदैव मुस्कुराये बेमिसाल,
उन्हीं पिताजी की छत्रछाया में
हमारी सारी मुश्किलें हो जाती है पार।।

34

अब मैं वो नहीं रहीं
जिसे तुम जानते थे क्योंकि
सुकून भरी दूरस्थ पहाडों पर
बसायी है मैंने दुनिया मेरी,
शान-ओ-शौकत में ढूँढने जाओगे
तो कभी न मिलूंगी,
अपनी रूह में झाँक कर देख लो, शायद बंजर
धरती पर खिली हरियाली सी नजर आऊँगी।

35

यूँ न देखा करो तुम हमें बार–बार
दिल की धड़कने तेज होने लगती है,
तुम्हारी इस आशिकी में साजन
हमारी ये आंखें हमसे ही दगा कर लेती है।

36

उड़ान भर लो तुम भी मुक्त गगन में
नयी उम्मीद का आगाज है,
देख इन पंछियों को जरा! प्यारे
मिली जिंदगी को खुशी से जीने का
कितना खूबसूरत इनका अंदाज है।

37

सिर्फ शब्दों की शोहरत है मेरे पास!
लेकिन जब से तुमसे इश्क हुआ है,
मैं तो उन्हें ही भूलती जा रही हूँ,
तुम्हारी आशिकी में साजन! आजकल
मैं भी पूरी दुनिया से बगावत करने लगी हूँ।

38

महंगे तोहफों से मिलती खुशियां अगर
तो वो भी हमारे लिए हीरे-जवाहरात ला देते,
तोला जब सोने-चांदी को सच्चे प्रेम संग
उनकी चमक फीकी लगी हमें
पवित्र, निश्चल प्रेम के आगे।।

39

पूरी दुनिया में शोर है लेकिन
मेरे दिल में सुकून है,
तुम्हें कागज पर उतारने का
मुझे अजीब सा जुनून है,
विरह के पल पल में
आँसुओं के मोती जब बरसते हैं,
उनमें भी तुम्हें ढूँढने का मुझे सुरूर है,
अब कैसे कहूँ मैं तुमसे की तुम्हारा
बेइंतहा इश्क ही मेरा गुरूर है।।

40

"सूखे फूल" न कहिए इन्हें, जनाब!
इनमें कई यादें समेटी हुई है,
देखकर इन्हें हर बार विरान दिलों में
पुराने इश्क की लौ आज तक जली हुई है।।

41

कहाँ तारों में ढूँढते हो तुम अपना जहान?
माँ-बाप की नजरों में देखोगे तो
मिलेंगे तुम्हारी गुजरी जिंदगी के कई निशान,
आज जो तुम बिता रहें हो
खुशी से इक इक पल,
उसके लिए नजाने!
कितनी बार दोनों ने किया होगा
अपनी खुशियों का बलिदान।।

42

झुकना जिंदगी में कोई नहीं चाहता है
फिर भी ये दिल
किसी की जागीर बन जाता है,
कंबख्त! ये इश्क! चीज ही ऐसी है की
जिसके होते ही इन्सान सबकुछ खो कर भी
सबसे अमीर बन जाता है।

43

मौत के तो हम कई रंग देख चुके है किंतु
जो अपनों के धोखे से रोज मर रहे हैं,
उसका क्या करें?
बेगाने शहर में कुछ अजनबी अपने से लगे,
रहमत उनकी शब्दों में भला कैसें बया करें?
अगर, जिंदगी नाम है
रोज नए किरदारों से रू-ब-रू होने का,
तो हम भी किसी एक को देखकर
पूरी दुनिया का अंदाजा क्यों लगाए?

44

धैर्य को तुम टूटने न देना,
मुश्किलें और पीड़ा तो जीवन का हिस्सा है,
गंतव्य की ओर प्रस्थान करते जाना साथी,
क्योंकि "संफलता" कई दिनों के
मेहनत का किस्सा है

45

इंतकाम की राहों से कमजोर लोग गुजरते हैं
क्योंकि वे भीतर से घबराए होते हैं,
जो सच्चे और निडर होते है
वो दुश्मन की कमजोरी को पहचानकर
दूर से ही उसकी हार का मजा लेते हैं
क्योंकि वो ये भी जानते हैं कि
"झूठों की जुबान चाहे कितनी भी साफ हो
लेकिन उनकी आँखें हमेशा उनके सारे भेद खोल देती है।"

46

धरती पर होते हैं भक्त जब पीड़ित,
हे शिव! आप ही बन जाते हो उनकी ढ़ाल,
सत्कर्म करने वाले ही पाते हैं प्रभु
आपके चरणों में स्थान अनंत काल।।

47

जिंदगी के रंगमंच पर
जोकर सा किरदार निभाते है सब,
चेहरों पर बड़ी सी मुस्कान सजाकर
अकेले ही अपने गमों को ढ़ोते है सब,
ये दुनिया तो शौकीन है सिर्फ तमाशों की,
खेल खत्म होते ही
अपनी-अपनी राहों पर निकलते है सब,
कोई नहीं जानता कि
सबको खुश रखने के चक्कर में
न जाने कितने ही बार-बार हो जाते है हतप्रभ।।

48

हरी धरा संग मुस्काये आज
केसरियां गगन! कहें,
श्वेत विचारों को अपनाकर
तुम पवित्र करो अपना अंतरमन,
भ्रष्टाचार एवं अनीति से जब
मुक्त होंगे सभी मनुष्यगण,
केवल तभी हमारा भारत देश
जगत को समझा पाएगा
एकात्मता ही है हमारा असली धन।।

49

अल्फाजों में खुशियों को ढूँढने वाली मैं,
बताइए! सोने–चाँदी की ओर
कैसे आकर्षित हो पाऊँगी?
रीति रिवाजों को निभाने की बात हैं वरना
"कागज के अल्फाजों" को ही
मैं मेरा गहना समझकर पहन लेती।।

50

छंद एवं अलंकार से सुशोभित
हमारे भारत की राष्ट्रभाषा महान,
शब्दों के समुंदर में जिसके खो जाने को
तैयार ये समस्त जहान,
संस्कार एवं बोली की मिठास है
उसकी पहचान,
एकता की मिसाल हमारी हिन्दी भाषा है
हम सभी भारतवासियों की जान।।

51

मेरी अंतरआत्मा का अंत निश्चित है
अगर कभी तुम बदल गए,
जीत के बाद भी मेरी हार निश्चित है
अगर तुम मुझसे रूठ गए,
पता नहीं!!!!
दुनिया वालों को जीने के लिए क्या चाहिए?
लेकिन मेरे लिए तो ऐ साहिब!
तुम्हारा साथ ही जैसे पीयूष है।

52

धड़कनों पर कोई बंदिश नहीं रहती
और न मेरे ही ख्वाबों पर मेरा हक रहता,
ये कौन सी अलग दुनिया है ऐ सनम!
कि तुम्हारी मोहब्बत में कंबख्त ये दिल
बार-बार है बहक जाता।।

53

अनंत शाश्वत प्रेम की परिभाषा को
आज तक कोई न जान सका है,
लेकिन इतना यकीं है मुझे कि
जो भी प्रेम के सागर में डूबा है
उसके दिल ने सुकून कमाल का पाया है।।

54

वो जीता–जागता नगीना हो तुम
जो केवल मेरे हिस्से में आया है,
आँखों से ज्यादा दिल में उतरकर
जिसने मेरी कविता में स्थान पाया है।

55

पैरों की थिरकन में मैंने आज फिर से
मेरी ही पुरानी धड़कनों को सुन लिया हैं,
थोड़ा सा बचपन और थोड़ी सी चाहतों को
नए से जी लिया है,
कौन कहता है कि
पुरानी ख्वाहिशे कभी पूरी नहीं होती??
इक बार उनकी तरफ
प्यार से हाथ बढ़ाकर तो देखो वो खुद
तुम्हारी जिंदगी को खुशियों से भर देती है।।

56

मेरा इशक, वफादारी, होठों की मुस्कुराहट है,
और जुनून सबकुछ तुमसे ही जुड़ा।
तुम्हारी मौजूदगी से ही मेरी जिंदगी का
हर पल गुलाब सा महका है,
कोहरे में पिघलकर जैसे चाँद गुम हो जाता है,
वैसे ही तुम्हारे बेझिझक दिलकश अंदाज में
मेरा दिल हमेशा के लिए गुम हो चुका है।।

57

सीरत मनमोहक
जब हृदय पर चलाए प्रेम के तीर,
तीर मिलें भटकें मन को
और आँखों से बहें आनंद भरे नीर।।

58

दर्पण की जरूरत आजकल पड़ती ही नहीं,
तुम्हारी नजरें जो मेरा हाल बयां करती हैं,
कहने को वो रहती तुम्हारे साथ हैं
लेकिन ढूँढती हमेशा मुझे ही हैं।।

59

कितना खूबसूरत है!!
पारिजातक का यूँ टूटकर गिरना,
मिट्टी की सौंधी खूशबू में खोकर
खुद के अस्तित्व को भूल जाना।।

60

शब्द चुराकर तुम्हारी लिखी रचना से
मैं जिंदगी का गीत गाता रहूँगा.....
पुरानी याद बनकर मैं तुम्हारे जहन में
हमेशा आता-जाता रहूँगा......
तुम आओ यां ना आओं!!!
मैं आखिर तक सिर्फ तुम्हारी राह तकूंगा....
कभी मुलाकात हुई जिंदगी में तो ठीक है,
नहीं तो तुम्हारे साथ बिताये उन चंद लम्हों संग
मैं सारी जिंदगी खुशी से काट लूँगा।।

61

तुम्हारी जरा सी आहट से
बहक जाती हूँ मैं लाखों की भीड़ में,
अब कैसे समझाऊँ दुनिया को मैं कि
तुम सा इक चमकता जुगनू बेइंतहा
सच्ची मोहब्बत कर बैठा है मुझसे
चकाचौंध के इस खोखले दौर में।।

62

इंतजार अब इंतजार न रहेगा,
वो मेरी जिंदगी का अहम
हिस्सा बन जाएगा।
तुम न आओगी तो मेरे प्रेम की
अधूरी दास्ताँ कहलाएगा,
नहीं तो दिल में धधकता
मासूम इश्क का
हसीन किस्सा बन जाएगा।

63

हुई थी जब हमारे इश्क की वो हसीन वारदात
स्वर्ण चंपा का फूल था साहिब के हाथ।
इक ओर उसका महकना था तो दूजी ओर थी
दोनों की आँखो में खुशी की बरसात।।
दो दिल मिल गए,
राहों पर हजार फूल खिल गिए।
इश्क का वो जैसे ही इजहार कर गए,
हम थे कि अपना सबकुछ
उनपर न्योछावर कर गए।।

64

ढूँढा है गम के अंधेरों ने इक ऐसे पंछी को,
जो भूल गया था उड़ना
निभाते हुए जिम्मेदारियों को
कारवाँ चल पड़ा है उसके सपनों का
कड़ी मेहनत के संग, तभी तो छू सका है वो
आज ऊँचाईंयों के आसमान को।।

65

अंधकार में है अभी भी अगर
मन का वो इक कोना,
जिसमें बसे कुछ पलों से
तुझे हर बार आए रोना।।
आज आशा का इक दीप वहाँ जलाना
और सकारात्मता से मन को भर देना।।
देखना! इक दिन अवश्य दिख जाएगा
तुम्हें तुम्हारे अस्तित्व का चेहरा सलोना।।

66

तेरी तस्वीर जब से हुई है
गिरफ्तार मेरी निगाहों में,
ये दिल रहता है सिर्फ तेरे ही इंतजार में।
देर हुई है तुझे आने में कुछ ज्यादा ही
फिर भी उम्मीदों की लौ जलायी है
मैंने गुजरती जिंदगी में।।

67

बारिश की बूँदो ने पाया
सुनहरा रूप नया।
सूरज की किरणों ने
जब उन्हें प्यार से छुआ।।
खिलकर मुस्काराई वो
नाजुक, अल्ल्हड सी बूँद
बोली! बताओ, ऐ रवि!
तुमने कहाँ से ये रिझाने का
लाजवाब हुनर है सीखा ?

68

सुनो दुनिया वालों!!!!
तोड़ो न इन नाजुक कलियों को
अपने नापाक इरादों के लिए,
क्योंकि
इनके होने से ही संपूर्ण विश्व में बिखरी
रहती है मुस्कुराहट की चाँदनी।।

69

फ़ितरत को पहचाना
जब कुछ अपनों की,
जिंदगी को जीना शुरू किया
मैंने खुद की खुशी के लिए।।।

70

माँ!
संपूर्ण संसार
तेरा निस्वार्थ प्रेम
पाकर हुआ
तृप्त।।

पिता!
विशाल गगन
जिसके साये रहकर
बच्चे बनें
समृद्ध।।

71

माँ के दिल का टुकड़ा है जो,
पिताजी की उम्मीदों का भी 'चिराग' है वो,
नाना-नानी की कहानी का 'हिस्सा' है जो
दादा-दादी की आंखों का 'कोहिनूर' भी वो!!
वो ना हो आसपास तो सुना लगे हर प्रांगण,
उनकी हँसी की किलकारी से गूंजे हर मन,
बच्चे जो खिल उठे तो झूमे ये धरती-गगन,
उनके 'ज्ञान" की महक से रोशन राष्ट्र का आँगन।

72

बेख़बर तो नहीं हो तुम,
सिर्फ मेरे सब्र का अंत देखते हो!!
तुम्हारे इश्क का नशा इतना गहरा है कि
मेरी रूह में तुम ही तुम बसते हो।।
तुम्हारी शिकायत करूं
तो किससे करूं ऐ सनम!!
मसरूफ़ रहकर भी तुम अपनी जिन्दगी को
हर पल सिर्फ मुझपर जो लुटाते हो।।

73

गाँव की गलियों से गुजरा हो जिसका बचपन,
बताओ! शहरों के मंजर उसे कैसे रिझा पायेंगे?
कोई दिल से उसका साथ निभाए तो शायद वहीं उसे
अपने ख्वाबों को पूरा करने के रास्ते मिल जाएंगे।।

74

देखो! क्या गजब का हुनर है
सूखे पत्तों के पास कि जमीं के इश्क में
टूटकर बिखरने पर भी
वो निखरते जाते है।
धीमे-धीमे से खुद को
उसमें ही शामिल कर देते हैं।

75

अंधकार में है अभी भी अगर
मन का वो इक कोना,
जिसमें बसे कुछ पलों से
तुझे हर बार आए रोना।।

आज आशा का इक दीप वहाँ जलाना
और सकारात्मता से मन को भर देना।।
देखना! इक दिन अवश्य दिख जाएगा
तुम्हें तुम्हारे अस्तित्व का चेहरा सलोना।।

76

बता ऐ प्रकृति!
पंछियों के श्रृंगार का सामान
कहाँ से आया है?
जिसमें खूबसूरत रंगों सहित
मधुर संगीत भी समाया है।

77

प्रवाह के विरूद्ध मैंने
अब छलांग उँची लगायी है,
तभी तो आसमाँ को छूने की
अधूरी हसरत पूरी हो पायी है।

78

तुम्हारी जरा सी आहट से
बहक जाती हूँ लाखों की भीड़ में,
अब कैसे समझाऊँ दुनिया को कि
इक चमकता जुगनू बेइंतहा सच्ची मोहब्बत
जो कर बैठा है मुझसे झूठी
चकाचौंध के इस खोखले दौर में।।

79

तूफान में डूबती है जैसे कश्तियाँ वैसे ही
मैं भी डूबना चाहती हूँ तुम्हारे प्रेम के सागर में,
परवाह न रहीं मुझे दुनिया की कोई अब, क्योंकि
तुमने जो खास जगह बनायी है मेरे मन में।।

80

तुम कहो तो मेरी साँसे तुम पर वार दूँ,
छोटी सी इस जिंदगी में
जितना तुम चाहो उतना तुम्हें प्यार दूँ
अनदेखा न करना कभी मेरे प्यार को
गैरों की बातों में आकर,
बस इतनी सी इल्तिजा तुम मेरी कुबूल करों।

81

मेरे दिल की गहराईयों को छू जाते हैं
ऐसे खूबसूरत तुम्हारे अल्फाज हैं,
फिर भी बताओ!
पानी सा शांत और रजनी सा खामोश
ये कैसा अलग तुम्हारा अंदाज है?

82

मैंने कुछ इस तरह शामिल किया है
तुम्हें मेरे हर लम्हें में,
चाहकर भी अब अलग न होंगे हम क्योंकि
आज भी उतनी ही जवां है हमारी मोहब्बतें।।

83

छवि माता की मन में सजाकर
करूं प्रार्थना मैं ये बारंबार,
आँच न आये किसी बिटिया पर
ऐसी सद्बुद्धि दें माता प्रत्येक मन के द्वार।
सक्षम बनें हर घर की बेटी
और रोशन करें वो अपने कुल का नाम,
उसकी सफलता की चाँदनी मुस्कान बन
पसरे चहुंओर और उज्ज्वल हो सबका घरबार।।

84

जीते जी देखा मैंने मौत का खौफनाक मंजर
जिसमें बन गए थे कई अरमान खंडहर,
रोशनी बन इश्क जब साथ साथ चला मेरे,
नजाने कब जिंदगी हँस पड़ी खिलखिलाकर?

85

मेरा इश्क, वफादारी, होठों की मुस्कुराहट
और जुनून सबकुछ तुमसे ही जुडा है,
तुम्हारी मौजूदगी से ही मेरी जिंदगी का
हर पल फूलों सा महका है,
कोहरे में पिघलकर जैसे चाँद गुम हो जाता है,
वैसे ही तुम्हारे बेझिझक दिलकश अंदाज में
मेरा दिल हमेशा के लिए गुम हो चुका है।।

86

प्रार्थना में मांगती हूँ विश्व की एकता,
शांति से मिलजुलकर रहें सब प्यार से और
कभी न आए धर्म और जाति के नाम पर
मनुष्यों के दिलों में दूरियाँ।।

87

परहेज है मुझे उन सभी चीजों से
जो मेरे किरदार पर दाग लगाए।
ना कहना सीख लिया है मैनें उन्हें
जो दुनिया की नजरों में मुझे गिराने की कोशिश करें।

88

रसोई से लेकर ऑफिस तक हर काम में हूं माहिर।
कई किरदार निभाती हूं अपनों की खुशियों की खातिर।।

89

मुनाफ़िक़ होते है जो लोग,
उन पर कभी न बरसाते ख़ुदा अपनी रहमत।
कुदरत खुदा की है ग़ज़ब यारों! क्योंकि
मेहनत करनेवालों को वो यहीं दिखाते है जन्नत।।

90

हे मनुष्य! सदैव सत्य के मार्ग पर तुम चलते रहों।
मन में छल-कपट एवं अहंकार को कदापि न पनपने दो।।
समाज कल्याण में कर्मयोगी बन स्वयं को झोंक दो।
जीवन के हर क्षण को अनमोल बनाकर निर्मल आनंद से भर दो।।

91

बारिश की बूँदों से भीगी हुयी माटी की खूशबू हो तुम,
मेरे ह्रदय में छुपे अनगिनत सुंदर भावों की आत्मा हो तुम,
मेरा मन आज यूँ जुडा है तुमसे कि
मेरे दिल में धडकती हर साँस के हकदार हो सिर्फ तुम!!

92

हमारी वसुंधरा, स्वास्थ्य एवं अर्थव्यवस्था को रखना है अगर स्वस्थ,
सौर उर्जा का उपयोग कर बचाइए व्यर्थ का खर्च।।

93

बारिश की बूँदों से भीगी हुयी माटी की खूशबू हो तुम,
मेरे ह्रदय में छुपे अनगिनत सुंदर भावों की आत्मा हो तुम,
मेरा मन आज यूँ जुडा है तुमसे कि
मेरे दिल में धडकती हर साँस के हकदार हो सिर्फ तुम!!

94

ऐ! दिल चुरानेवाले बता!
कहाँ से सीखा ये हुनर तुने?
जो मेरे अल्फ़ाज़ों में
सिर्फ़ तुम झलकते रहते हो।

95

कहता है ये जमाना!
मोहब्बत में ज़िंदगी बरबाद होती है।
मगर तेरे इश्क़ में
सांवरिया! मुझे लफ़ानी मिली है।।

96

कू-ब-कू सुनायी देती है दिल टूटने की दास्ताँ।
कल-जुग में ना रहां इन्सानियत से कईयों का वास्ता।।
फिर भी जन्नत नसीब हुयी है मुझे आज इस दौर में!
बता ऐ सनम! आखिर तू ही इतना नेक दिल कैसे रह पाया?

97

मुस्कुरा उठी हूँ अरसो के बाद
फागुन की बयार जो चली है।
देख सेमल के फूलों को मन में कई अधूरी ख्वाहिशों को
पूरा करने की उमंग जगी है।।

98

अनमोल रिश्तों की कीमत को पहचानो तुम!
व्यर्थ के अहंकार में अपनों को ना गवाना तुम।।
ख़िजालत की आग में झुलसते रहोगे जिंदगीभर
जब जरूरत के समय किसी अपने को नजदीक ना पाओगे तुम।।

99

तेरे इश्क़ को ज़िंदगी समझा है मैनें।
बात इतनी सी याद रखना तुम पिया!
हमेशा ख़ुलूस से निभाना ये रिश्ता!
बस इतनी ही है मेरे दिल की तमन्ना।।

100

भारतभूमी को कहते है सोने की चिड़िया।
यहाँ के खेतों में जो लहलहाती है गेहूं की बालियां।।
व्याकूल हो उठता है मन मेरा !
जब इस माटी पर भूखे पेट कोई सोता!!

101

खोखली रूढ़ि-परंपराओं की उन्होंने तोड़ दी बेड़ियां।
समाज के विरुद्ध नारी को शिक्षा का अधिकार दिलवाया।।
नए युग की शुरुआत हुई जब
सावित्रीबाई फुले जी ने दिलों में क्रांतिज्योत को जलाया।।

www.ingramcontent.com/pod-product-compliance
Lightning Source LLC
LaVergne TN
LVHW032125041026
849518LV00008B/2781
* 9 7 8 9 3 4 8 3 3 2 8 8 2 *